Die Jenseitsreise in der frühneuhochdeutschen Literatur

Grenz- und Heilserfahrungen am Beispiel von Tondolus' Vision und St. Brandans Meerfahrt

Nathalie Wulle

DIE JENSEITSREISE IN DER FRÜHNEUHOCHDEUTSCHEN LITERATUR

Grenz- und Heilserfahrungen am Beispiel von Tondolus' Vision und St. Brandans Meerfahrt

Bibliografische Information der Deutschen Nationalbibliothek:
Die Deutsche Nationalbibliothek verzeichnet diese Publikation in der Deutschen
Nationalbibliographie; detaillierte bibliografische Daten sind im Internet über
http://dnb.dnb.de abrufbar.

Lektorat: BoD – Books on Demand, Norderstedt
Korrektorat: BoD – Books on Demand, Norderstedt
Coverdesign: BoD – Books on Demand, Norderstedt
Illustratoren: Simon Marmion: Tondal's Guardian Angel Comes to his Aid
(Ms. 30, fol. 11*v*), in: »Les Visions du chevalier Tondal«, Frankreich 1475 (Getty
Museum Collection) und Irmhart Öser: Die Sirene betört St. Brandan und seine
Begleiter mit ihrem Gesang (168*r*), in: »Brandans Reise«, Süddeutschland um
1460 (Cod. Pal. germ. 60 Historienbibel Universitätsbibliothek Heidelberg)

Satz, Herstellung und Verlag: BoD – Books on Demand, Norderstedt

ISBN: 978-3-7597-6490-4

INHALTSVERZEICHNIS

VORWORT

Diese wissenschaftliche Arbeit basiert auf den Auseinandersetzungen während eines Hauptseminars an der Albert-Ludwigs-Universität in Freiburg i. Br. zum Thema *Jenseitsgedanken in Bild und Text*, das unter der Leitung von Prof. Dr. Martina Backes im Bereich der Germanistischen Mediävistik stattfand. Die Forschungsdiskussion weckte bei den Teilnehmern das Interesse hinsichtlich der Frage nach der Authentizität von Visionen in Jenseitsreisen.

Am Beispiel von *Tondolus' Vision* (1149) und *St. Brandans Meerfahrt* (1150) können unterschiedliche Grenz- und Heilserfahrungen während der Jenseitsreise veranschaulicht werden. In der weiterführenden Forschungsdiskussion wies Apl. Prof. Dr. Stefan Seeber auf die repräsentative Ideologie des Raumes hin, das dazu führte, die Raumerfahrung der beiden Jenseitsreisenden deutlich zu differenzieren.

Ursprünglich stammt die älteste datierte mitteldeutsche Handschrift der ›Visio Tundali‹ aus Bayern (1441), und liegt in diesem Beispiel als älteste erhaltene Prosafassung (D_x) von ›Tondolus der Ritter‹ vor, die von den beiden Verlegern Johann und Conrad Hist in Speyer (um 1483) gedruckt wurde (vgl. Nigel F. Palmer 1980). Die Grundlage für die ›Reisefassung‹ der ›Meerfahrt St. Brandans‹ ist ein mittelfränkisches Original (um 1150), und liegt in der ältesten überlieferten Augsburger Druckversion (A_1) von Anton Sorg (um 1476) vor (vgl. Rolf D. Fay 1985).

Die Vergleichsanalyse der beiden Jenseitsreisen zeigt, inwiefern die Literarisierung des 15. Jahrhunderts Jenseitsgedanken in Reiseerzählungen manifestierte und den Begriff ›Vision‹ unterschiedlich bewertete. Gleichzeitig besteht ein Zusammenhang hinsichtlich der Reiseerfahrung der beiden Protagonisten, die zu den berühmtesten und beliebtesten mitteleuropäischen Jenseitsreisenden zählen.

EINLEITUNG

Die Ungewissheit über den Verbleib des menschlichen Körpers und der Seele nach dem Tod hinterließ im Mittelalter eine Erkenntnislücke, die als ›epistemische Leerstelle‹[1] bezeichnet werden kann.[2] Der Tod als eine Art menschliche Banalität war bereits im Mittelalter »ein subjektives, emotionales und zugleich mysteriöses Phänomen«[3], das einer Rätselhaftigkeit unterlag, die schwer zu durchdringen war und ein magisches Denkvermögen forderte. Es bestanden vielzählige Jenseitsvorstellungen im anthropologischen, philosophischen und kulturwissenschaftlichen Sinne.[4] Berichte über Nahtoderfahrungen, die auf Zeugnissen von Sterbeberichten basierten, manifestierten den »To[d] als Durchgangsstadium«[5]. Die philosophische und religiöse Auseinandersetzung mit dem Tod ließ in ihm eine Tiefsinnigkeit und Weltintegration erfahren, die sein Bedrohungspotenzial und die Ungewissheit darüber minderten. In der Kunst und Literatur erfuhr die Auseinandersetzung mit dem Tod im 15. Jahrhundert eine ästhetische Verarbeitung, die einem künstlichen Gefühlsraum glich, der die Grenzen zwischen Leben und Tod plastisch darstellte. Maler und Ikonografen, wie Hieronymus Bosch (*Der Aufstieg in das himmlische Paradies*) oder Hans Fries (*Höllensturz*), gestalteten das Jenseits als ungewisses Übergangsphänomen, das die differenzierte Vorstellung von Leben und Tod aufzuheben versuchte.[6]

---

[1] Bettina Albert: Der Tod in Worten. Todesdarstellungen in der Literatur des frühen Mittelalters, masch. phil. Diss., Marburg 2014 (Die Darstellung des Todes in der volkssprachigen Literatur des frühen Mittelalters 8.–10. Jh.), S. 4.

[2] Vgl. Heinz Sieburg: Zwischen Leben und Tod. Jenseitsvorstellungen und Diesseitskonzepte als Poetik des Übergangs in der deutschen Literatur des Mittelalters, in: Zeitschrift für interkulturelle Germanistik 10 (2019) 2, S. 39–52, hier S. 39.

[3] Ebd.

[4] Vgl. ebd., S. 40.

[5] Ebd.

[6] Vgl. ebd., S. 40 f.

Im Mittelalter war die Literatur das »Trägermedium von Kultur«[7], das die Jenseitsvorstellungen reflektierte. Zu den am meisten mit dem Thema in Korrespondenz geratenen Textsorten gehörten einerseits die Heldenepik und andererseits die Visionsliteratur, die den Topos ›Jenseitsreise‹ verarbeiteten.[8] Der Heldenepik liegt ein antithetisches Verhältnis von Leben und Tod zugrunde, das sehr »stark heidnisch-archaisch gepräg[t]«[9] ist. Heroische Absichten der Helden bestehen aus dem Motiv der Unsterblichkeit. Dabei findet der Held im Kampf um Leben und Tod seinen Nachruhm. Diese Art von Todesinszenierung suggeriert eine Freiheit, die im Gegensatz zur christlichen Heldenepik nicht erduldet werden muss.[10] Im *Rolandslied* dagegen zeigt sich eine andere Gestaltung des Heldentods, der »als christlich motivierter Märtyrertod«[11] gekennzeichnet ist. Roland findet in der Gnade Gottes sein eigenes Seelenheil, weil er die christliche Lehre im Kampf gegen das Heidentum verteidigt.[12] Diese apokalyptischen Szenen einer Heidenverfolgung erinnern an die »Schilderung des Kreuzestodes Jesu«[13], die den Helden Roland analog zur Passion Christi ins himmlische Paradies führen.

In der Visionsliteratur erlebt der Protagonist eine Entrückung aus der diesseitigen Welt ins Jenseits, die ihm einen Blick ins Jenseits gewährt. Der diesseitige Wahrnehmungsraum kann so für eine bestimmte Zeit verlassen werden, um mit dem Jenseits Kontakt aufnehmen zu können.[14] Aus naturwissenschaftlicher Sicht handelt es sich bei der Vision um eine psychopathologische Anomalie, die in der neueren Forschung mit dem pathopsychologischen Problem der Halluzination in Verbindung gebracht wird.[15] Die Vision als reine Halluzination zu erklären, scheint im Sinne der Literaturwissenschaft nicht als Antwort zu genügen. Kulturwissenschaftlich sind Visionen

---

[7] Ebd., S. 43.

[8] Vgl. ebd.

[9] Ebd., S. 44.

[10] Vgl. ebd.

[11] Ebd., S. 45

[12] Vgl. ebd.

[13] Ebd., S. 46.

[14] Vgl. ebd.

[15] Vgl. Peter Dinzelbacher: Vision und Magie. Religiöses Erleben im Mittelalter, Paderborn 2019, S. 43.

wichtiger »Bestandteil sozialer Interaktion«[16], denn sie stehen in Zusammenhang mit Initialriten und werden in christlicher Tradition überliefert. Ihre Botschaft handelt von Erleuchtung und Offenbarung. Sie stehen in enger Beziehung zum Traum oder zur Erscheinung, werden aber im Gegensatz dazu als intensiver, wahr und real erlebt.[17] Visionen unterliegen »eine[m] autobiografischen Zuschnitt«[18], der oft mit »Belehrung und Verhaltenssteuerung«[19] einhergeht. Sie sind in den meisten Fällen »exponierten Personen vorbehalten«[20]. Eine Steigerung der Vision ist die mystische Schauung, bei der die Visionäre selbst als Medium fungieren. Ihnen widerfahren gleichermaßen Visionen und Auditionen, meistens im selben Augenblick. Eine der bekanntesten mittelhochdeutschen Mystikerinnen ist Hildegard von Bingen (1098–1179). In ihren mystischen Todesvisionen sah sie das Jenseits vor ihrem inneren Auge und hörte dabei Stimmen.[21]

> Und siehe! Im dreiundvierzigsten Jahre meines Lebenslaufes schaute ich ein himmliches Gesicht. Zitternd und mit großer Furcht spannte sich ihm mein Geist entgegen. Ich *sah* einen sehr großen Glanz. Eine himmliche Stimme erscholl daraus. Sie sprach zu mir. »Gebrechlicher Mensch. Asche von Asche, Moder von Moder, sage und schreibe, was du siehst und hörst!«[22]

Im Unterschied zum Visionär übertritt der mystische Seher keine immanente Grenze oder Schwelle ins Jenseits, sondern bleibt »in seinem gewohnten Wahrnehmungsraum«[23].

Die Jenseitsreise ist Teil einer Textsorte der Visionsliteratur, die eine plastischere und konkretere Jenseitserfahrung vermittelt. Wanderungen oder

---

[16] Heinz Sieburg: Zwischen Leben und Tod, S. 47.
[17] Vgl. ebd.
[18] Ebd.
[19] Ebd.
[20] Ebd.
[21] Vgl. ebd.
[22] Hildegard von Bingen (1098-1179): Berufungsvision, in: Erhebe dich, meine Seele. Mystische Texte des Mittelalters, hrsg. v. Johanna Lanczkowski, Stuttgart 1988 (Reclam 8456), S. 52-79, hier S. 52.
[23] Heinz Sieburg: Zwischen Leben und Tod, S. 48.

Fahrten beleben den Reisecharakter der Textsorte und bringen Abenteuer, Spannung und die Anschaulichkeit von fantastischen Welten zum Vorschein. Den meisten Jenseitsreisen liegt eine Visionslegende zugrunde, die aus hagiografischer Sicht auf mittelalterlichen Heiligenlegenden beruht. Die Entstehungsgeschichte der Gattung reicht bis weit in die vorchristliche Antike und handelt meist von profanen Schilderungen einer abenteuerlichen Unterweltsfahrt. Literarischer Höhepunkt der Gattung bildet zweifellos die *Göttliche Komödie* (1320) von Dante Alighieri.[24] Eine beliebte Jenseitsreise der mittelhochdeutschen Visionsliteratur ist *St. Brandans Meerfahrt* (1150), die an die Irrfahrt des Odysseus erinnert.[25] Noch verbreiteter war die *Visio Tnugdali* (1149), die »zu den beliebtesten Erzählstoffen des Mittelalters«[26] gezählt werden kann. Aufgrund des autobiografischen Charakters und der Plastizität der Reiseerfahrung bestand beim mittelalterlichen Publikum kein Zweifel an der Echtheit der Jenseitsberichte – was einerseits am mittelalterlichen Unterscheidungsproblem zwischen Fantastik und Religion liegen mag, andererseits an der mündlichen Überlieferungsgeschichte des mittelalterlichen Erzählens.[27] Weshalb es in der Forschung zur Visionsliteratur keinen Zweifel an den echten und unechten Visionen gibt und welche signifikanten Unterschiede zwischen Jenseitsreisen und Jenseitsvisionen bestehen, kann am Beispiel einer Vergleichsanalyse von *Tondolus' Vision* und *St. Brandans Meerfahrt* veranschaulicht werden, um die Textsorten innerhalb der Visionsliteratur weiter auszudifferenzieren. Dabei hat die Topographie des Jenseits eine Auswirkung auf den Reisenden, was am Beispiel der Reiseerfahrung der beiden Protagonisten deutlich zu sehen ist.

---

[24] Vgl. ebd., S. 48 f.

[25] Vgl. ebd., S. 49.

[26] Brigitte Pfeil: Die 'Vision des Tnugdalus' Albers von Windberg. Literatur- und Frömmigkeitsgeschichte im ausgehenden 12. Jahrhundert, masch. phil. Diss., Frankfurt am Main 1999 (Mikrokosmos 54), S. 20.

[27] Vgl. Heinz Sieburg: Zwischen Leben und Tod, S. 51.

1 ENTSTEHUNGSPROZESSE IM VERGLEICH
ST. BRANDANS MEERFAHRT VS. TONDOLUS' VISION

Die Frage nach dem Entstehungsprozess der mittelhochdeutschen Jenseitsreise unterliegt der »Vorstellung eines Gegensatzes und einer Hierarchie zwischen ›gelehrter‹ und ›volkstümlicher‹ Kultur«[28]. Jacques Le
Goff geht davon aus, dass die Entstehung von Erzählungen über die Reise
ins Jenseits auf einer Interaktion des globalen Mittelalters beruht und auf
einer Korrespondenz zwischen der gelehrten und volkstümlichen Gesellschaft basierte.[29] *St. Brandans Meerfahrt* und die *Vision des Tondolus* gehören der dritten Traditionslinie im Entstehungsprozess von Jenseitsreisen an, denen die »Erzählungen der jüdisch-christlichen Apokalyptik«[30]
und »die Höllenreisen des assyrisch-babylonischen Helden Ur-Nammou,
Prinz von Ur, dann von Enkidou im Gilgamesch-Epos«[31] vorausgehen.
Die mündliche Überlieferung der dritten Traditionslinie stammt aus keltischen bzw. irischen Erzählungen über Reisen ins Jenseits, die aus heidnischen Versionen entstanden. Die lateinische *Visio Tnugdali*, die von einem
irischen Ritter handelt, wurde 1149 von einem klerikalen Schreiber verfasst.[32] Ritter Tnugdali ist ein Laie, dessen Seele das Jenseits durchwandern
und durchleben muss. Die Jenseitsräume in *Tondolus' Vision* sind systema-
tisiert und erstrecken sich über »eine intermediäre Region«[33]. Die Entste-

---

[28] Jacques Le Goff: Phantasie und Realität des Mittelalters. Aus dem Französischen über-
      setzt von Rita Höner, Stuttgart 1990, S. 125. Hervorhebung im Original.

[29] Vgl. ebd.

[30] Ebd., S. 129.

[31] Ebd.

[32] Vgl. ebd.

[33] Ebd., S. 130.

hungsgeschichte von *St. Brandans Meerfahrt* hingegen ist aufgrund seines sukzessiven Aufenthalts in einer schlaraffenlandartigen Umgebung den vorchristlichen Vorbildern näher als die christlichen Höllen- und Paradiesvorstellungen in *Tondolus' Vision*.[34] Die Besonderheit dieser literaturhistorischen Gattung besteht darin, dass sie in einem »System der Wechselwirkung«[35] eingebettet ist, weil ihre Überlieferung im Übergang vom klerikalen zum volkstümlichen Erzählen angesiedelt werden kann, weshalb die Erzählstrategien und Motivübernahmen parallel verlaufen und die entstehungsgeschichtlichen Traditionslinien miteinander kollidieren. Vier Phasen der Weitergabe können voneinander unterschieden werden, von denen drei im mündlichen Überlieferungsbereich liegen, es aber erst in der vierten Phase zur Verschriftlichung des Jenseitsberichts kommt. Tradiert werden die Berichte aus der volkstümlichen Mündlichkeit über einen gelehrten (litteratus) Kleriker zu einem ungelehrten (illiteratus) Laien bis hin zu einem unbekannten Schreiber (scriptor). Inwiefern die mündlichen Überlieferer die Jenseitsberichte veränderten, erweiterten oder kürzten, ist nicht mehr nachvollziehbar.[36] In der vierten Phase, dem Schritt zur Verschriftlichung der Jenseitsberichte, kam es mit ziemlicher Wahrscheinlichkeit zu »eine[r] ›literarische[n]‹ und ›logische[n]‹ Formgebung«[37], die mit »eine[r] ›Modernisierung‹ und […]›Christianisierung‹«[38] in Zusammenhang stand. Insgesamt sind drei Änderungen aufgrund der Christianisierung der Motive festzustellen.[39]

> [D]ie Verwandlung des greisen Seelenführers in einen Engel, die Gleichsetzung des Landes in der anderen Welt mit dem Ort, an dem »Henoch und Elias wohnen«, dem irdischen Paradies also, die Verwandlung der Burg des Helden in ein Kloster.[40]

---

[34]   Vgl. ebd., S. 130 f.
[35]   Ebd., S. 131.
[36]   Vgl. ebd., S. 134.
[37]   Ebd. Hervorhebung im Original.
[38]   Ebd. Hervorhebung im Original.
[39]   Vgl. ebd.
[40]   Ebd. Hervorhebung im Original.

Jacques Le Goff spricht in diesem Zusammenhang von einer »komplexen Geschichte der mittelalterlichen Akkulturation«[41], weil die kulturelle Realität zwischen Klerus und Laientum aus einer Interaktion zwischen der volkstümlichen Mündlichkeit sowie der klerikalen Schriftlichkeit bestand. Der Visionär war in den meisten Fällen ein Kleriker oder Laie, der seine Vision einem ranghöheren Abt erzählte, der diese wiederum aufschrieb oder sie einem anderen Schreiber diktierte. So ist der Erlebnisbericht von einem ungebildeten Kleriker oder Laien über die mündliche Erzählung zu einem gebildeten Schreiber in die Kultur der Gelehrten eingegangen.[42] Der Höhepunkt der soziokulturellen Geschichte der Jenseitsreise liegt in der Epoche zwischen dem 7. und 10. Jahrhundert. In dieser Blütezeit des Mönchtums kam es zu einem kulturellen Umschwung, der die volkstümlichen Elemente wiederbelebte.[43] Erst im 11. und 12. Jahrhundert fand ein Auftrieb der Laienkultur statt, der mit dem »Durchbruch der Folklore«[44] verbunden war.

Peter Dinzelbacher bestätigt für die Entstehungsgeschichte der Jenseitsvisionen eine chronologische Reihenfolge der Überlieferungskette. Die Visionsberichte konnten entweder mit dem Zeitpunkt des Erlebnisses oder dem Zeitpunkt der Aufzeichnung ausgewiesen werden. Auch die historischen Lebensdaten des Visionärs konnten als Zeitpunkt des visionären Erlebnisses genannt werden. Wahrscheinlich ist aber, dass die Schreiber die Jenseitsberichte möglichst genau an den Ort und die Zeit der Vision legten, um das Bild der Jenseitsvision nicht zu verzerren. Im Fall von *Tondolus' Vision* sind dessen Lebensdaten unbekannt. Die Vision selbst ist genau auf das Jahr 1149 datiert.[45] *St. Brandans Meerfahrt* hingegen lässt sich trotz aller Bemühungen der literaturhistorischen Forschung nicht genau datieren. St. Brandans Lebensdaten sind zwar bekannt, aber der Entstehungszeitpunkt

---

[41]   Ebd., S. 135.

[42]   Vgl. ebd.

[43]   Vgl. ebd., S. 140.

[44]   Ebd.

[45]   Vgl. Peter Dinzelbacher: Vision und Visionsliteratur im Mittelalter, 2., überarbeitete und wesentlich erweiterte Auflage, Stuttgart 2017 (Monographien zur Geschichte des Mittelalters 64), S. 18.

seiner Meerfahrt ist ungewiss, kann jedoch für das Ende des 8. Jahrhunderts angenommen werden.[46]

1.1 Heiligenlegende und historische Figuren – St. Brandan der Heilige vs. Tondolus der Ritter

St. Brandan war ein irischer Abt, der laut den *Annalen von Ulster* am Ende des 6. Jahrhunderts (577/583) verstarb.[47] Sein Geburtsdatum ist umstritten, wird aber auf das Jahr 484 datiert.[48] St. Brandans Geburt steht in Zusammenhang mit der Prophezeiung eines der verehrtesten und bekanntesten Heiligen Irlands, dem Heiligen Patricius. Er entstammte einer der bekanntesten und einflussreichsten Familien Irlands und wuchs im ›Tal der Wunder‹[49] (Cluain-Ferta/Clonfert) unter dem Einflussgebiet von Bischof Erc auf.[50] In Clonfert gründete St. Brandan (553–563) einen Bischofssitz mit mehreren Klöstern und wird seither als irischer Apostel verehrt.[51] Mehrere Kulturorte sind noch immer nach ihm benannt, z. B. »die Berge Brandon Hill und Mount Brendan und die Quelle Brandon Well«[52]. Am 16. Mai feiert Irland seinen Gedenktag.[53] Aus hagiografischen Quellen existieren einige Erzählungen über seine Kindheit, in der er bereits als

---

[46] Vgl. Katja Weidner: Navigatio Sancti Brendani. Die Seereise des heiligen Brendan, Freiburg i. Br. 2022 (Fontes Christiani. Zweisprachige Neuausgabe christlicher Quellentexte aus Altertum und Mittelalter 94), S. 13.

[47] Vgl. ebd., S. 8.

[48] Vgl. Rolf D. Fay: Sankt Brandan. Zwei frühneuhochdeutsche Prosafassungen. Der erste Augsburger Druck von Anton Sorg (um 1476) und Die Brandan-Legende aus Gabriel Rollenhagens »Vier Büchern Indianischer Reisen«, Stuttgart 1985 (Helfant Texte T4), S. VII (Einleitung).

[49] Franz Brunhölzl: Geschichte der lateinischen Literatur des Mittelalters. Die Zwischenzeit vom Ausgang des karolingischen Zeitalters bis zur Mitte des 11. Jahrhunderts 2, München 1992, S. 524.

[50] Vgl. Dominik Pietrzik: Die Brandan-Legende. Ausgewählte Motive in der frühneuhochdeutschen sogenannten „Reise"-Version, masch. phil. Diss., Frankfurt am Main 1999 (Bremer Beiträge zur Literatur- und Ideengeschichte 26), S. 51.

[51] Vgl. ebd. u. vgl. Katja Weidner: Navigatio Sancti Brendani, S. 8.

[52] Katja Weidner: Navigatio Sancti Brendani, S. 8.

[53] Vgl. ebd.

kleiner Junge wahre Quellwunder vollbracht haben soll. Laut seiner Lebensbeschreibung ließ er eine Quelle aufsprudeln, um seinen Ziehvater vor der glühenden Hitze des Feuers zu bewahren.[54] Aus historischen Quellen geht hervor, dass St. Brandan mindestens einmal eine Seereise um die britische Insel unternahm, bei der er vom Osten Irlands aus nach Frankreich segelte.[55]

Die Brandan-Legende war eine der beliebtesten, unterhaltsamsten und meistgelesenen Abenteuerfahrten der mittelalterlichen Visionsliteratur. Sie hatte einen weitreichenden Bekanntheitsgrad und gilt aus heutiger Sicht als mittelalterlicher Bestseller.[56] Sie entstammt altirischen und mündlich überlieferten Schifffahrtssagen, die im 6. Jahrhundert kursierten. Aus ihnen entstand im 7. Jahrhundert eine besondere Gruppe von Sagen, die als >Immrama< bezeichnet werden. Diese Sagen handeln ausnahmslos von Seefahrten, die von einer besonderen Gruppe freiwillig unternommen wurden, mit dem Ziel, das Jenseits zu erkunden. Das Immram erzählt von einer Mannschaft, die unter der Leitung eines überlegenen Führers während einer Meerfahrt auf eine Insel stößt.[57] Es ist eine Art fantastischer Reisebericht, in dem »Reales und Irreal-Mythisches zu einem unentwirrbaren Geflecht verwoben«[58] ist. Diese Sage gilt als Vorstufe der Brandan-Legende, in der die Meerfahrt auf christlich-mönchische Art abgehandelt wird. Heidnische Vorstellungen werden hierbei auf Heilige aus dem Christentum übertragen.[59] Die Vita des Brandan und das Immram der nordischen Seefahrererzählung bilden demnach die Basis der Heiligenlegende, die als *Navigatio* etwa am Ende des 8. Jahrhunderts niedergeschrieben wurde.[60] Legenden handeln »von Akten charismatischer Erfahrung«[61], die die Alltagserfahrung unterbrechen und dennoch sozial vertretbar sind. Von anderen Erzählformen abgrenzbar sind

---

[54] Vgl. ebd., S. 9.

[55] Vgl. Dominik Pietrzik: Die Brandan-Legende, S. 51.

[56] Vgl. ebd., S. 48 f.

[57] Vgl. ebd., S. 53.

[58] Hans Biedermann: St. Brendanus. Der irische Odysseus, Graz 1980, S. 16, zitiert nach: ebd., S. 54.

[59] Vgl. Dominik Pietrzik: Die Brandan-Legende, S. 55.

[60] Vgl. ebd., S. 56.

[61] Ebd., S. 36 f.

sie durch ihre unmarkierte Fiktion, die kognitive Dissonanzen anhand des symbolischen Charakters reduziert. Die religiöse Ebene verblendet das Fantastische und erklärt das Übernatürliche anhand der christlichen Glaubenslehre.[62]

Die *Visio Tnugdali* hingegen erscheint als authentischer Visionsbericht, der in enger Verwandtschaft zur Bußpredigt steht. Diese Vision steht in Zusammenhang mit der *Heiligenlegende des Patricius*, weil der irische Heilige, ebenso wie die Apostel Petrus und Paulus, zu den ersten Predigern zählte, der dem Volk die Strafen und Belohnungen des Jenseits offenbarte. Visionen waren als Augenzeugenberichte wesentlich wirkmächtiger als Predigten, weil sie eine zusätzliche Lehrfunktion enthielten, die das Bestreben erfüllte, die Sünder zum Glauben zu führen.[63] Wie Nigel F. Palmer zeigt, steht die *Translation E* der *Visio Tnugdali* auf produktionstechnischer Ebene eng mit dem *Purgatorium Sancti Patricii* in Verbindung, weil beide Visionen vom selben Übersetzer am Ende des 14. Jahrhunderts ins Mittelhochdeutsche übertragen wurden.[64] Typisch für die Textsorte war eine Profanierung der Jenseitsvision mit einem Helden, der fernab des klerikalen Standes als Exempel für das Schlechte und Verdorbene der Laienwelt herangezogen werden konnte.[65] So widmete der Autor von *Tondolus' Vision* den Jenseitsbericht »den weisen vnd den edeln vnd den richen dieser falschen welt die diß nit glaubent«[66].

---

[62] Vgl. ebd., S. 37.

[63] Vgl. Herrad Spilling: Die Visio Tnugdali. Eigenart und Stellung in der mittelalterlichen Visionsliteratur bis zum Ende des 12. Jahrhunderts, masch. phil. Diss., München 1975 (Münchener Beiträge zur Mediävistik und Renaissance-Forschung 21), S. 3.

[64] Vgl. Nigel F. Palmer: »Visio Tnugdali«. The German and Dutch Translations and their Circulation in the Later Middle Ages, München 1982 (Münchener Texte und Untersuchungen zur Deutschen Literatur des Mittelalters 76), S. 101.

[65] Vgl. Herrad Spilling: Die Visio Tnugdali, S. 3.

[66] Nigel F. Palmer: Tondolus der Ritter. Die von J. und C. Hist gedruckte Fassung, München 1980 (Kleine Deutsche Prosadenkmäler des Mittelalters 13), S. 88, Z. 1340–1341.

1.2 Autor und Entstehungsort

Die *Meerfahrt des St. Brandan* stammt aus einer anonymen Überlieferung, die seit dem 10. Jahrhundert mit insgesamt 141 Handschriften weitläufig erhalten geblieben ist. Die Autorschaft ist unbekannt, wird aber unter dem irischen Klerus vermutet, weil in den Handschriften irische Ortsnamen in lateinischen Übersetzungen vorliegen.[67] Die Kenntnisse des Autors über die »irische[n] Genealogien und die Flexion irischer Namen«[68] lässt ebenfalls vermuten, dass derjenige die Herkunftsbeschreibungen von St. Brandan kannte und Ortskenntnisse über Irland besaß. Irland als Ort, an dem *St. Brandans Meerfahrt* begann, wird in der mittelhochdeutschen Übersetzung nicht explizit erwähnt, sondern muss als Schauplatz vom Leser geografisch erschlossen werden. Diese Tatsache könnte ein Anzeichen dafür sein, dass sie zur Zeit der karolingischen Herrschaft verfasst wurde.[69] Auf der Grundlage der *Vita Sancti Brendani*, die aus dem 8. Jahrhundert stammt, und der *Navigatio*, deren Entstehungsdatum ungewiss ist, aber zwischen dem 7. und 10. Jahrhundert vermutet werden kann, entstand um 1150 eine mittelrheinische Fassung von *Sankt Brandans Reise*, die als die älteste mitteldeutsche Fassung gilt.[70] Insgesamt sind drei Versfassungen in Mitteldeutsch, Niederdeutsch und Mittelniederländisch aus dem 12. Jahrhundert bekannt. Aus dem 15. und 16. Jahrhundert ist eine Prosabearbeitung überliefert, die in fünf Handschriften existiert und 24 mal abgedruckt erscheint.[71] Aller Wahrscheinlichkeit nach arbeitete der Autor im 12. Jahrhundert in einem der zahlreichen irischen Klöster, die zu dieser Zeit am Niederrhein entstanden waren.[72] Er war ein gebildeter Kleriker, der weitreichende Kenntnisse in der deutschen und irischen volkssprachigen Literatur besaß und »den irischen Gedanken der *peregrinatio* (Pilgerfahrt)«[73] kannte. Die eremitische und

---

67   Vgl. Katja Weidner: Navigatio Sancti Brendani, S. 12.

68   Ebd.

69   Vgl. ebd., S. 12 f.

70   Vgl. Elisabeth Schmid/Clara Strijbosch: Sankt Brandans Reise. Mittelniederländisch/ Neuhochdeutsch, Münster 2009 (Bibliothek mittelniederländischer Literatur 4), S. 121.

71   Vgl. ebd., S. 122.

72   Vgl. ebd., S. 127.

73   Ebd. Kursivschrift und Zusatz im Original.

missionsartige Meerfahrt erfuhr in der irischen Geschichte ab dem 6. Jahrhundert als freiwillige Pilgerfahrt ihre Blütezeit. Im 8. Jahrhundert hingegen bekam die peregrinatio ihren Charakter der unfreiwilligen und erzwungenen Exilfahrt, weil die Wikinger Irland angriffen und viele irische Kleriker und Gelehrte auf das Festland flohen.[74] So konnten sich die »irische[n] Visions- und Heiligengeschichten«[75] über den gesamten europäischen Kontinent verbreiten. In der Gegend um Trier siedelten sich die irischen Gelehrten am europäischen Hof an und stifteten ab dem 12. Jahrhundert irische Klöster entlang des Rheins.[76]

Die Autorschaft der *Visio Tnugdali* nachzuvollziehen, gestaltet sich trotz des dazugehörigen Widmungsbriefs, den der Autor (Frater Marcus) seinem Werk beifügte, als problematisch. Wie der Beiname Frater zu erkennen gibt, handelte es sich bei diesem Autor um einen gelehrten Kleriker, der als Mönch sein Werk in den Klosterdienst stellte. Die Begebenheit, über die Marcus schrieb, trug sich nach seiner eigenen Aussage in Irland zu, wo der Ritter der Vision angeblich gelebt haben soll. Über die hagiografischen Lebensdaten des Ritters Tnugdali ist nichts bekannt, dennoch spricht einiges dafür, dass Tnugdal ein keltischer Name gewesen sein könnte.[77] Weil *Tn-* aufgrund keltischer Lautgesetze äußerst selten vorkommt, geht Richard Gosche davon aus, dass es im Irischen eine »Metathesis der mittleren Spiranten«[78] gab, die die spätere Form ›Tundal‹[79] hervorbrachte. Frater Marcus teilt in seinem Widmungsbrief mit, dass Tnugdal ihm dessen Erlebnisse erzählte und er lediglich bei der lateinischen Übersetzung ins Schriftbild Schwierigkeiten hatte. Er beherrschte nicht nur Tnugdals Sprache, sondern kannte sich auch geografisch in Irland aus, was er zu Beginn seines Werkes in einer ausführlichen Inselbeschreibung nahelegt.[80] Eine »für die Iren so typischen Verbundenheit

---

[74] Vgl. ebd.

[75] Ebd.

[76] Vgl. ebd.

[77] Vgl. Herrad Spilling: Die Visio Tnugdali, S. 5.

[78] Ebd.; zitiert nach Anm. 11.

[79] Richard Gosche: Zu Tundalus, in: Archiv für Literaturgeschichte 1 (1870), S. 486–489, hier S. 486 ff., zitiert nach: ebd.

[80] Vgl. Herrad Spilling: Die Visio Tnugdali, S. 7.

mit ihrer Insel«[81] ist ebenso ein Indiz dafür, dass der Autor selbst aus Irland stammte und ein Wandermönch gewesen sein könnte. Marcus verwies auf seine zeitgenössischen Kenntnisse über den Bruderstreit »zwischen Cormac und Donough MacCarthy«[82], die zu Zeiten der *Visio Tnugdali* den Thron im Süden des Landes beherrschten. Das Schicksal einer Vision wird Tnugdal nicht ohne Grund zuteil, denn sein Geburtsort Cashel steht mit der Übertragung der Regierungsgewalt von König Murtough O'Brien (1101) und dem ansässigen Bischof in Verbindung. Nicht zufällig trifft Tnugdal in seiner Vision nur bekannte Iren im Paradies, beispielsweise die Bischöfe Celestinus von Armagh, Christian Ua Morgair, Malachia und Nehemia von Cloyne, die zu den bekanntesten Legaten Irlands gehören.[83]

> Hie sach ich vier bischoff die ich wol kant. [...] A[l]s ich vmb mich sach/ da sach ich den aposteln patricium mit einer grossen schar der bischof vnd dar vnder sach vir bischof die ich wol kant den Ertzbischof Celestinum Malachiam der nach dem selben in dz ertzbistum kam Von rom by Innocencius geziten vnd alles das der selb bischof gehaben mocht das teilet er Clostern vnd armen luten Diser buwet vier closter vnd munster von monchen Canoniken vnd iungfrawen den er alle ir notorft bestalt Vnd behielt im selber gantz nichts Die sel sach auch Cristianum ein bischof zu lion vnd bruder des vorgenanten malachie der was eins harten leben vnd ein liebhaber des willigen armutz Vnd ein bischof Neemiam der von grosser weißheit und kuscheit ander vber tretten hat By den vorgenanten herren was ein sessel der was wuniglich gezieret/ dar vff saß niemant/ Do sprach min sel wes ist diser sessel oder warumb stat er ledig Do antwurt malachias der bischof vnd sprach diser sessel ist vnser bruder einer der noch nit tod ist/ dan wan er gestirbt so wirt er heruf sitzen vf disen stul[.][84]

Welchem Bischofssitz der Autor selbst als Mönch angehörte, ist nicht bekannt, er könnte allerdings mit einem Benediktinerorden aus Cashel in Verbindung gestanden haben.[85] Weil Tnugdal im Paradies mit dem Heiligen

---

81   Ebd.
82   Ebd.
83   Vgl. ebd., S. 7 f.
84   Nigel F. Palmer: Tondolus der Ritter, S. 86, Z. 1267–1288.
85   Vgl. Herrad Spilling: Die Visio Tnugdali, S. 8.

Ruadanus sprach, der »[n]eben dem irischen Nationalheiligen Patricius«[86] in Irland Bekanntheit erlangt hatte, ist davon auszugehen, dass Marcus mit dem »Kl[o]ster im Königreich Munster«[87] in Verbindung stand. Ruadanus war Abt von Lorrah, der in Cashel geboren worden war und der Sage nach »aus dem Herrscherhaus von Südmunster«[88] stammte.

> D[o] sie also stont/ do wz gegenwertig Sant rudan ein bichter mit grossen frei-
> den grußt vnd vmbfing die sel Tundali des vorgenanten ritters vnd von rech-
> ter innigkeit vnd freiden sprach er zu ir/ Got bewar deinen ingang vnd dinen
> vßgang nun vnd yemer vnd ewiglich/ vnd sprach ich bin es rudan din patron by
> dem din begerung von recht sin sol Vnd do er dis gesprach Do Stunt sant Rudan
> vnd sprach nit mer.[89]

Der Grund für diese auffällige Hervorhebung Ruadanus scheint kein Zufall zu sein, denn Vermutungen legen nahe, dass Marcus eine gewisse Zeit in Lorrah gelebt hatte, seine Familie dort ansässig gewesen oder er von dort aus in den Mönchstand übergetreten sein könnte, was seinen Anspruch auf ein Grab im Kloster Lorrah erklären würde.[90]

Als Wandermönch gelangte Marcus nach Regensburg in Süddeutschland, wo er den Visionsbericht in lateinischer Sprache niederschrieb. In diesem Gebiet entstanden auch die meisten der mittelhochdeutschen Abschriften. Eine Quelle aus dem 12. Jahrhundert besagt, dass ein bayerischer Geistlicher namens Alber die lateinische *Visio Tnugdali* im Kloster von St. Paul in mittelhochdeutsche Verse übertrug. Wie im Prolog des Visionsberichts erwähnt wird, ist die *Visio Tnugdali* 1149 zu der Zeit von Kaiser Conrad im vierten Papstjahr Eugens von Ibernia geschaut worden.[91]

> I[n] dem iar cristi vnsers herren als man zalt Tusent hundert nein vnd vierzig.
> zu ziten keiser Conrats/ vnd in dem vierden iar des babstes Eugenij zu ibernia

---

[86] Ebd., S. 9.

[87] Ebd.

[88] Ebd.

[89] Nigel F. Palmer: Tondolus der Ritter, S. 86, Z. 1259–1266.

[90] Vgl. Herrad Spilling: Die Visio Tnugdali, S. 9.

[91] Vgl. ebd., S. 11.

in dem land der do zwei sind ein ybernia lit gegen mitternacht/ das ander gegen mittag/ vß dem was ein ritter genant Tundalus edel von gesclecht/ [...] von leib stoltz hubsch vnd starck/[92]

Plausibel anzunehmen ist, dass Regensburg, der Regentschaftsort von Kaiser Konrad III., als Entstehungsort der lateinischen *Visio Tnugdali* gelten kann, weil der Kaiser von dort aus zum zweiten Kreuzzug aufbrach.[93] Zu dem Entstehungskontext und der Auftraggeberin wird aus der *praefatio* deutlich, dass die Aufzeichnung der *Visio Tnugdali* von Äbtissin Gisela erbeten wurde, um den Text der Klostersammlung als Predigtmaterial hinzuzufügen.[94]

1.3 Authentizität der mittelalterlichen Visionsliteratur

Peter Dinzelbacher schlägt eine klare Differenzierung der Gattung in die Textsorten echte und unechte Visionen mit der Begründung vor, dass es Visionen gab, die sich als unecht herausgestellt hätten, weil sie nicht »so erlebt worden«[95] seien. Diese Texte basieren nicht auf paranormalen Erlebnissen, sondern sind rein fiktiv.[96] Unechte Visionen sollten zu ihrer Zeit als »echt gehalten werden«[97] so wie einige »der politischen Visionen der Karolingerzeit«[98]. Aber auch literarische Visionen entstanden aufgrund dichterischer Absichten.[99] Weitere Differenzierungsmerkmale gibt es in Hinblick auf profane und religiöse Texte, in denen »Fragen der Heilslehre«[100] anklingen. Literarische Visionsdichtung unterliegt häufig einem »Muster der ekstatisch-visionären Jenseitsreis[e]«[101]. Auch wenn diese Ähnlichkeit zur »religiösen,

---

92 Nigel F. Palmer: Tondolus der Ritter, S. 47, Z. 6–13.

93 Vgl. Herrad Spilling: Die Visio Tnugdali, S. 11.

94 Vgl. ebd., S. 16.

95 Peter Dinzelbacher: Vision und Visionsliteratur im Mittelalter, Stuttgart 2017, S. 51.

96 Vgl. ebd.

97 Ebd.

98 Ebd.

99 Vgl. ebd.

100 Ebd.

101 Ebd.

in Ekstase und Traum geschauten Visio[n]«[102] hat, kann sie dennoch als unecht bezeichnet werden. Als erlebte und demnach echte Vision wird u. a. die *Visio Tnugdali* angesehen, weil sie ausführliche Schilderungen »über [den] Entstehungszeit[punkt] der Visio[n], [den] Namen de[s] Visionär[s], [den] Titel und Verfasser der Quelle«[103] enthält.

Zu unterscheiden sind zwei Typen der literarischen Aufzeichnung von Visionen, die eine »formal und strukturell gemeinsame Schnittmeng[e]«[104] besitzen und eine kategorische Nähe zur Offenbarungsliteratur aufweisen. Typus I erlebt als Seher eine Pilgerreise durch verschiedene Jenseitsräume, die »dem Erfahrungsmuster [eines] Nah-Tod-Erlebnisse[s]«[105] gleicht. Sowohl der höfische Roman als auch die literarischen Visiontexte können zu dieser Kategorie gezählt werden. Zunächst müssen die Helden oder Visionäre einen Strafraum durchqueren, bevor sie die Glücksorte betreten können.[106] Am Ende ihrer Jenseitsreise befinden sie sich »auf einem höheren existentiellen Niveau«[107]. Auch in der Szenenabfolge sind Parallelen zu erkennen, meist findet keine kontinuierliche Bewegung durch den Raum statt.[108] Bei der (echten) Vision hingegen ist der Raum konstitutiv für die Handlung, die in ihm stattfindet. Der (echte) Visionär riecht, sieht und fühlt das Jenseits auf seine jeweilige Art. Charakteristisch für (echte) Visionen ist die Führung eines Begleiters durch den Jenseitsraum, der dem Seher als Beistand didaktisch zur Seite steht.[109] Der Raum hat demzufolge »eine ›agierende‹ Rolle«[110], in der sich die »religiös[e] Moral der Epoche«[111] vollzieht. Viele Visionäre des Typus I müssen »selbst [die] Qualen der Unterwelt«[112] durchleben, was den Visionären des Typus II erspart bleibt. Im Gegensatz zum höfischen Roman

---

102 Ebd., S. 52.
103 Ebd., S. 18.
104 Ebd., S. 114.
105 Ebd.
106 Vgl. ebd.
107 Ebd.
108 Vgl. ebd.
109 Vgl. ebd., S. 115.
110 Ebd. Hervorhebung im Original.
111 Ebd.
112 Ebd.

hat der Raum in der Vision keine kulissenhafte Funktion, die austauschbar ist. Visionäre sind stark an ihren Platz gebunden. Der Held des höfischen Romans hingegen kann an beliebiger Stelle mit dem Personal des Hofes zusammentreffen. So hätte Erec den Riesen auch an einem anderen Ort erschlagen können, wohingegen die Jenseitsbewohner der Vision von ihrem jeweiligen Raum abhängen.[113] »[D]ie Fortbewegung der Visionäre«[114] vollzieht sich eher sprunghaft, sodass keine kohärente Bewegung durch den Raum deutlich wird. Das Augenmerk liegt auf der Beschreibung der Jenseitsgefilde, die dem Topos ›locus amoenus‹ hinsichtlich der Paradiesvorstellung ähneln.[115]

Die Erlebnismystik hingegen bildet den Typus II innerhalb der Visionsliteratur.[116] Sie gilt als Egodokument in der Auseinandersetzung mit der »Lektüre der ›Bibel‹«[117] und hat im Gegensatz zum Typus I keine vergleichbaren »Vorgänger in der Antike«[118] oder der »Epoche des frühen Mittelalters«[119]. In der Mystik ist nicht der Weg das zentrale Motiv der Vision, sondern die transzendente Begegnung mit Gott. Diese Textsorte steht im Gegensatz zum Typus I der Visionsliteratur neu, abgrenzbar und eigenständig im Kanon der Gattung.[120] Auch wenn sich Mystikerinnen, wie Hildegard von Bingen oder Mechthild von Magdeburg, bekannten Textformen, wie der Offenbarungsgeschichte oder der höfischen Lyrik, bedienen, gehen ihre mystischen Visionen »in [einer] Reproduktion und Umformung jener Bild- und Gedankenwelt[en]«[121] auf. Beide Typen der Gattung werden in unterschiedlichen Textsorten überliefert.[122] Während Typus I oft in Geschichtswerken, Briefen oder Predigtexempeln vorkommt, separiert sich der Typus II »aus dem ursprünglichen Textzusammenhang«[123], oftmals durch Streuüberlieferungen.

---

[113] Vgl. ebd., S. 116.
[114] Ebd.
[115] Vgl. ebd., S. 117.
[116] Vgl. ebd.
[117] Ebd. Hervorhebung im Original.
[118] Ebd.
[119] Ebd.
[120] Vgl. ebd.
[121] Ebd.
[122] Vgl. ebd., S. 118.
[123] Ebd.

Gemeinsam haben die unterschiedlichen Typen, dass ihre lyrische Bearbeitung meist nicht vom Seher beabsichtigt wurde, sondern im »Moment der Rezeptionsgeschichte«[124] stattfand.

Innerhalb der Echtheitsdebatte stellen sich die Fragen, inwiefern die Visionsliteratur authentische Erlebnisse widerspiegeln kann, auf welche Weise sich die Vision im Rahmen der literarischen Überarbeitung verändert oder ob sie schlichtweg eine Erfindung des Schriftstellers ist. Zentrales Merkmal der mittelalterlichen Visionsliteratur ist die Beanspruchung von Faktizität, die in Form einer (auto-)biografischen Perspektive erfolgt.[125] Tondolus der Ritter erkennt seine ausweglose Situation, nachdem seine Seele ins Jenseits entrückt war, und berichtet aus einer erlebten Perspektive.[126]

> Do der engel zu meiner selen kam/ do nant er mich mit meinem namen vnd sprach/ gegrussest siestu Tundale Von grosser freiden vnd von engstlicher forchte sprach ich zu im mit weinenden augen/ Eya lieber her ich klag dir das mich der hellen pin iemerlich hant vmbgeben vnd bin gebunden mit den ketten des ewigen todes/[127]

St. Brandan wird ebenso unfreiwillig auf eine Jenseitsreise geschickt, dennoch besteht ein deutlicher Unterschied hinsichtlich der Erzählperspektive zum Zeitpunkt der Entrückung, die in einem pseudo-biografischen Mantel erscheint und an Motive aus dem *Alten Testament* anknüpft, weshalb *St. Brandans Meerfahrt* zu den unechten Visionen des Typus I gezählt werden kann.[128]

> [S]andt Brandon bat vnsern herren, das er in wolt in seiner huet haben, so wolt er gern sein gebot volbringen, vnd ließ im weraiten ainen grossen kiel vnd schueff vnd hies das wol weschlahen mit starckenn eisnen panden vnd macht den kiel noch Noes arch vnd hies darein so vil speis tragen, auch von claidern vnd alles das in notturff was zw dem leib vnd zw seinen zwelff brudern vnd allem irem gesind wol auff zwelff iar; vnd [...] machet in den kiell ain Capell vnd weyhet

---

[124] Ebd.

[125] Vgl. ebd., S. 119.

[126] Vgl. Nigel F. Palmer: Tondolus der Ritter, S. 50 f.

[127] Ebd., S. 50, Z. 110–116.

[128] Vgl. Rolf D. Fay: Sankt Brandan, S. 1–3.

die vnd nam vil heltums mit im darein vnd die allerheiligstenn Münich, die er zů Yberniam het vnd vinden m[ô]cht, Die alle volkümmenlich lebten. vnd die fůren mit im dar vnd warent im gehorsam. Die koment auch all mit im wider haim, On ainer, der do ward verzukt in das Paradeiß. vnd der teůfel nam in Auch einen, den gewunnen sye wider mitt irem gepet, Als man hernach wirt h[ô]ren, was groß wunders sie erfuren.[129]

Echte Visionen zeugen vielmehr von unmittelbarem, selbst »erlebte[m] Wirken Gottes«[130], das die Seele des Protagonisten auf realistische Weise beansprucht. Das Übernatürliche galt im Mittelalter als historische Realität und wurde deshalb auch in dieser Form mitgeteilt.[131] Anknüpfen kann die Vision oder die Mystik an ihre real erlebte Wirkung, weil sie als Bewältigungsform erschütternder Ereignisse bzw. Erlebnisse gilt.[132] Peter Dinzelbacher kann in seinen Ausführungen die altgermanistische Einschätzung widerlegen, die davon ausging, es gebe hinter diesen Visionen »keine begreifbaren Erlebnisse«[133]. So existieren beispielsweise von einigen Mystikerinnen, wie Katharina von Siena und Dorothea von Montau, Augenzeugenberichte, die auf die Erlebnisrealität des Geschilderten hinweisen.[134]

Weitere Argumente der Echtheitsdebatte beschäftigen sich mit dem »Nachweis von Topoi«[135], die eine Garantie für eine vorliegende Fiktionalität sein könnten. Visionäre verarbeiten in ihren Visionen »Gehörtes, Gelesenes [und] Gesehenes«[136] als Partizipation am »kulturspezifischen Fun-

---

[129]   Ebd., S. 2, Z. 11-13 u. S. 3, Z. 1-7.

[130]   Peter Dinzelbacher: Vision und Visionsliteratur im Mittelalter, Stuttgart 2017, S. 119.

[131]   Vgl. ebd., S. 120.

[132]   Vgl. ebd., S. 121.

[133]   Ebd., S. 123.

[134]   Vgl. ebd.; zitiert nach Anm. 405; Katharina von Siena habe ihren Liebhaber in Ekstase diktiert. Über Dorothea von Montau lägen Augenzeugenberichte in Kanonisationsakten vor. Bei zahlreichen Ekstatikerinnen der Neuzeit existieren Ton- und Filmaufnahmen, ebenso »ärztlich[e] Dokumentationen analoger pathologischer Phänomene«. Laut *Claude Le-Couteux (Rezension in Etudes Germaniques 82, 1982, 369 f.)* sind die Visionen »als Aufzeichnungen faktischen Erlebens« zu deuten, solange das Gegenteil nicht bewiesen sei.

[135]   Ebd., S. 125.

[136]   Ebd.

dus von religiösen Themen und (Sprach-)Bildern«[137]. Peter Dinzelbacher stimmt dahingehend Ernst Benz zu, dass es ein Irrtum sei, davon auszugehen, echte Visionen nur im Bereich von originalen Bildern und Kompositionen anzusiedeln.[138] Dem visionären Bilddenken liegt vielmehr »eine Jahrtausende alte Tradition«[139] zugrunde, die den Visionär in seiner »Bilder- und Symbolsprache«[140] stark prägen. Gerade in puncto Fälschung ist sich Peter Dinzelbacher sicher, dass die Entstehung unechter Visionen auf ein Bedürfnis zurückzuführen ist, das dem Heiligen seine charismatischen Fähigkeiten mit dem Talent einer Vision zu erweitern versucht, was sich auch in den Viten ansatzweise zeigt.[141] Vor allem bei eingebauten Visionen in Heiligenlegenden wird dem Visionär eine »Authentifizierung oder Motivation«[142] untergeschoben, die mit einer spezifischen Absicht einhergeht, z. B. die Schifffahrt in *St. Brandans Meerfahrt*. Spontanen Visionen in viten-ähnlich angelegten Heiligenlegenden haftet vielmehr ein Moment der Fiktionalität an als Visionen, die auf der Grundlage einer Krankheit, einer Handlungskonsequenz oder eines schicksalhaften Lebenslaufs beruhen.[143] Dennoch gehörten »biblisch[e] und apokryph[e] Vorbilder«[144] für die mittelalterlichen Gläubigen zu einem »für wahr gehaltenen kulturellen Wissen«[145], das aktiviert werden konnte. Somit ist »das Auftauchen von Topoi«[146] in der Visionsliteratur kein Gegenbeweis für eine echte Vision. Authentizität lässt sich primär an der handschriftlichen Überlieferung erkennen, wenn bestimmte Merkmale nur in der frühneuhochdeutschen Fassung in Erscheinung treten, aber behaupten, aus einer anderen Zeit zu stammen, was ein Hinweis auf eine unechte Vision sein könnte. Weil *St. Brandans Meerfahrt*

---

[137] Ebd. Zusatz im Original.

[138] Vgl. ebd.

[139] Ernst Benz: Die Vision. Erfahrungsformen und Bilderwelt, Stuttgart 1969, S. 443.

[140] Ebd.

[141] Vgl. Peter Dinzelbacher: Vision und Visionsliteratur im Mittelalter, Stuttgart 2017, S. 131.

[142] Ebd., S. 139.

[143] Vgl. ebd.

[144] Ebd.

[145] Ebd.

[146] Ebd.

in zwei unterschiedlichen Fassungen (*Navigatio* und *Reisefassung*) im Mittelhochdeutschen und Frühneuhochdeutschen erscheint, besteht ein Zweifel an der Echtheit dieser Jenseitsvisionen.[147] Die äußere Evidenz ist ein entscheidendes Kriterium, wenn es um die Frage nach der Authentizität geht.[148] Die echte Vision wird (auto-)biografisch erzählt, besitzt einen biografischen Vorspann und »bezieht sich auf ein auch durch andere (im günstigsten Fall unabhängige) Dokumente bekanntes Individuum«[149].

> E[s] was hye vor ein heyliger Apt, der was geborn von dem land Yberniam. der was in einem Closter. der kome ains mals vber ein buche, darinn vand er geschribenn grosse wunder, die got geschaffen het Jn himel vnd auf erd: wie das drei himel werent vnd zway Paradeiß vnd neün fegfeůr vnd auch manig wildes land vnd auch, das ein welt vnder vnns were.[150]

Im Prolog zu *St. Brandans Meerfahrt* wird zwar aus biografischer Sicht erzählt, weshalb der Mönch dazu veranlasst wurde, eine Jenseitsreise zu unternehmen. Allerdings fehlt ein authentisches Dokument, das den genauen Zeitpunkt der Vision festhält oder den Auftraggeber der Niederschrift benennt. Das in Bezug genommene Individuum ist St. Brandan selbst, und der Auftraggeber ist der ihm erschienene, von Gott gesandte Engel. Die Interferenz zwischen dem Protagonisten der Jenseitsreise und dem biografischen Erzählen über einen Heiligen, dessen Vita weit verbreitet war, kann nicht als authentisches Dokument einer (echten) erlebten Vision angesehen werden.[151] Peter Dinzelbacher sieht in der *Navigatio Brandani* im Gegensatz zur *Visio Tnugdali* »[k]eine Vision, sondern ein[en] fantastische[n] Reisebericht unter Verwendung visionärer Bilder«[152].

---

[147] Vgl. ebd., S. 140.

[148] Vgl. ebd., S. 169.

[149] Ebd. Zusatz im Original.

[150] Rolf D. Fay: Sankt Brandan, S. 1, Z. 3–10.

[151] Vgl. Dominik Pietrzik: Die Brandan-Legende, S. 56.

[152] Peter Dinzelbacher: Jenseitsvisionen – Jenseitsreisen, in: Epische Stoffe des Mittelalters, hrsg. v. Volker Mertens und Ulrich Müller, Stuttgart 1984 (Röners Taschenausgabe 483), S. 61–80, hier S. 71.

Marco Frenschkowski bemerkt, dass die Vision im frühen Christentum »ein zentraler Modus der Erschließung von Wirklichkeit«[153] war. Vor allem apokalyptische Visionen besitzen eine »feste innere Bildlogik«[154], haben eine bestimmte Erzählstruktur und folgen einem konstanten Traditionsweg. Psychedelische Züge können ein Indiz für die Echtheit eines Visionserlebnisses sein, wie sie etwa aus der *Petrusapokalypse* (2. Jh. n. Chr.) bekannt sind.[155] Schilderungen über Gestalten und deren entsetzliches Aussehen sind »Reflex[e] visionärer Erfahrungen«[156]. Fantastik in der Moderne ist eine Entgrenzung, die mit dem Wegfall des Mythischen einhergeht. Weltuntergangsfantasien oder Jenseitsvorstellungen besitzen zwar eine imaginative Gewalt, sind aber kollagenhaft übereinander geblendete Bildtraditionen.[157] Bei der »Konstruktion von Wirklichkeit«[158] braucht es eine Grenzüberschreitung »der akzeptierten Wirklichkeit im Religiösen«[159], über die der Mensch »kogniti[v] und imaginati[v] [...] hinauswächst«[160].

Jutta Eming hält das Wunderbare als konzeptionell für die mittelalterliche Literatur in Hinblick auf »[d]ie literaturästhetische Kategorie des Phantastischen«[161]. Ihrer Meinung nach lässt das Weltbild des Mittelalters Wunder zu, weil es im Gegensatz zur Moderne nicht streng kausal ist und aufgrund eines nicht exponierten Erzählstils »als selbstverständlich präsentiert werden«[162] kann. Archiv für die wunderbaren Weltbilder waren

---

[153] Marco Frenschkowski: Vision als Imagination. Beobachtungen zum differenzierten Wirklichkeitsanspruch frühchristlicher Visionsliteratur, in: Fremde Wirklichkeiten. Literarische Phantastik und antike Literatur, hrsg. v. Nicola Hömke und Manuel Baumbach, Heidelberg 2006 (Kalliope. Studien zur griechischen und lateinischen Poesie 6), S. 339–366, hier S. 343.

[154] Ebd.

[155] Vgl. ebd.

[156] Ebd., S. 344.

[157] Vgl. ebd., S. 349 f.

[158] Ebd., S. 361.

[159] Ebd.

[160] Ebd.

[161] Jutta Eming: Artikel »Mittelalter«, in: Phantastik. Ein interdisziplinäres Handbuch, hrsg. v. Hans Richard Brittnacher und Markus May, Stuttgart 2013, S. 10–18, hier S. 10.

[162] Ebd.

die »keltischen Sagen- und Mythenvorr[ä]t[e]«[163] und die Überlieferung
der Jenseitsreiche aus heroischen Vorzeiten. Gerade in Räumen der Angst
ist das Wunderbare abgrenzbar, weil das Staunen in Furcht übergeht.[164] Die
primäre Verunsicherung kann das Phänomen nicht anhand christlicher Deu-
tungsmuster lösen, sondern begreift den Plan des Helden in der »Moment-
haftigkeit des Phantastischen«[165]. Das Wunder wird so an einer »Grenz[e]
der bekannten Welt«[166] deutlich, die »eine topographische und ästhetische
Nähe zum Entfernten und Randständigen zeigt«[167].

---

[163] Ebd., S. 12.
[164] Vgl. ebd., S. 15.
[165] Ebd.
[166] Ebd., S. 17.
[167] Ebd.

2 TOPOGRAFIE DES JENSEITS
KONZEPTION DER RAUM-SEMANTIK

Hartmut Böhme spricht von Jenseitsräumen als »soziokulturell konstituiert[en] und codiert[en]«[168] Gefühlsräumen, wenn er Himmel und Hölle als imaginäre Räume bezeichnet. Sie sind symbolisch und historisch codiert und unterliegen einer wandelbaren Konstruktion, die in einem System des ›cognitive mapping‹ kartografisch geordnet ist und dem Menschen eine Orientierung bietet. Das Gedächtnis ist anhand von Topoi aufgebaut. Das sind imaginative Orte der Erinnerung, an denen Material gespeichert, organisiert und wieder hervorgerufen werden kann.[169] Menschen denken und erinnern sich »in imaginären Räumen«[170], die nicht eindeutig unwirklich, sondern Vorstellungen in Form von »Anschauungen ohne die Gegenwart eines Gegenstands sind«[171]. Literatur als Medium imaginärer Räume bindet die kognitiven »Vorstellungen an [einen] materialen Träge[r]«[172], der anhand von Codes dargestellt wird. Im Mittelalter gehörten Himmel und Hölle zu Erfahrungsräumen, denen eine außerordentliche Bedeutung zukam und das Weltbild prägten. Diese Erfahrungsräume waren hochwirksame mediale Codes und Träger der Bedeutung von mittelalterlicher Kultur.[173] Jenseitsräume sind aufgrund der kognitiven Codierung sehr gut

---

[168] Hartmut Böhme: Himmel und Hölle als Gefühlsräume, in: Emotionalität. Zur Geschichte der Gefühle, hrsg. v. Claudia Benthien, Anne Fleig und Ingrid Kasten, Köln 2000 (Literatur – Kultur – Geschlecht. Studien zur Literatur- und Kulturgeschichte 16), S. 60–81, hier S. 60.

[169] Vgl. ebd., S. 60 f.

[170] Ebd., S. 61.

[171] Ebd.

[172] Ebd.

[173] Vgl. ebd., S. 62.

vorstellbar, weil sie mit »projizierte[n] Reflexe[n] von profanen Ängsten und Hoffnungen«[174] einhergehen und aufgrund ihrer emotionalen Codierung eine tiefe Imaginationsbreite hervorrufen können. Das Jenseits »als mediale[r] Gefühlsr[aum]«[175] setzt eine Grenze voraus, weil der Mensch seine »konventionalisierten Wirklichkeit[en] [...] physisch«[176] differenziert. Diese Grenze zwischen Jenseits und Diesseits ist nicht territorialer Art, sondern eine »Qualität von Raum«[177], durch die ein »Wechsel in der eigenen Identität«[178] vollzogen werden kann. Sie ist nicht kontinuierlich, vielmehr perforiert. Als Entdecker des Jenseits können die bekanntesten europäischen Protagonisten, z. B. Odysseus (ca. 750 v. Chr.), Aeneas (ca. 1. Jh. v. Chr.), Johannes der Apokalyptiker (ca. 70 n. Chr.), St. Brandan (ca. 8. Jh. n. Chr.), Tondolus (1149), Wigalois (1210/1220) und Dante mit Vergil (1320) bezeichnet werden.[179]

2.1 Raumtheorien – Utopie, Heterotopie und symbolische Repräsentation

Etymologisch stammt das Wort ›Utopie‹ aus dem Griechischen und besteht aus dem Hauptwort ›Topos‹, das ›Ort‹ bedeutet, und der vorangestellten Negierung ›ou‹, was so viel wie ›nicht‹ heißt.[180] In der Literatur gilt die Utopie als Schnittstelle »zwischen Realität und Phantasie«[181], die ihrem Namen nach als ›Nirgendland‹[182] bezeichnet wird. Das Wort ›Uto-

---

174   Ebd. S. 63.

175   Ebd.

176   Ebd.

177   Ebd., S. 64.

178   Ebd.

179   Vgl. ebd.

180   Vgl. Bernhard Kytzler: Unwirkliche Wirklichkeiten. Geplant – Geträumt – Geflunkert. Über Utopie und Realität im frühen Europa, in: Fremde Wirklichkeiten. Literarische Phantastik und antike Literatur, hrsg. v. Nicola Hömke und Manuel Baumbach, Heidelberg 2006, S. 277–287, hier S. 277.

181   Ebd.

182   Vgl. Epistulae 2, S. 339, 346, 354, 359, 372, zitiert nach: ebd.; lat. ›Nusquama‹ aus »den Briefen des Erasmus« überliefert.

pia‹ taucht erstmals in einer lateinischen Visionsschrift von Thomas Morus (1515) auf und ist im Zusammenhang mit ›Eutopia‹ als ein ›Glücks-Land‹ überliefert.[183] Sie wird als »Ansatz zur Herbeiführung von Heilung«[184] angesehen, während die Dystopie »(griech. ›dys‹, schlecht)«[185] mit den »Übeln der *conditio humana*«[186] einhergeht. Eine im Mittelalter weit bekannte Utopie ist der ›locus amoenus‹, der als vollkommener Glücksplatz erscheint, aber nicht mehr real sein kann.[187] Die älteste überlieferte Vorform einer Utopie ist die ›Insel der Seligen‹[188]. Dieser Ort taucht bei Homer und später bei Hesiod auf, stammt aber ursprünglich aus dem altbabylonischen *Gištubar-Epos*[189].[190] Dominik Pietrzik erwähnt, dass die Utopien in *St. Brandans Meerfahrt* aus »Elemente[n] […] der griechischen und irischen

---

[183] Vgl. Bernhard Kytzler: Unwirkliche Wirklichkeiten, S. 277 f.

[184] Ebd., S. 279.

[185] Peter Kuon: Artikel »Utopie/Dystopie«, in: Phantastik. Ein interdisziplinäres Handbuch, hrsg. v. Hans Richard Brittnacher und Markus May, Stuttgart 2013, S. 328–335, hier S. 334. Kursivschrift und Zusatz im Original.

[186] Bernhard Kytzler: Unwirkliche Wirklichkeiten, S. 278; die »Übe[l] der *conditio humana*« umfasst eine Reihe von menschlichen Umständen, die im Gegensatz zur Utopie »mühsam oder gar überhaupt nicht zu überwinden sind«: »Hunger und Durst, Hitze und Kälte, Krankheit und Schwäche, Alter und Tod, aber auch Distanz im Raum oder in der Zeit«. Kursivschrift im Original.

[187] Vgl. ebd., S. 281.

[188] Ludwig Reinhardt: Kennt die Bibel das Jenseits? Und woher stammt der Glaube an die Unsterblichkeit der Seele, an Hölle, Fegefeuer (Zwischenzustand) und Himmel? München 1900, S. 105; die ›Insel der Seligen‹ *(Peter Jensen: Die Kosmologie der Babylonier. Studien und Materialien, Strassburg 1890, S. 212.)* kennt Reinhardt aus dem Gištubar-Epos *(siehe auch Gilgamesch-Epos, Tafel 10; vgl. Sophus Helle: A New Translation oft the Ancient Epic Gilgamesh. With Essays on the Poem, Its Past, and Its Passion, New Haven 2021, S. 88-99.)*, in dem der Weg dorthin beschrieben wird. Von dem Berg Māšu aus gelangt Gištubar nach einer tagelangen Wanderung durch die Finsternis des Berges zu einem Meer, das von einem verriegelten Tor umgeben ist. Auf der Suche nach dem Eingang zur Insel fährt er mit seinem Gefährten einhalb Monate über das Meer. Zwischen der ›Insel der Seligen‹ und dem Meer ‚liegen die Wasser des Todes' *(Jensen, S. 213)*, die Gištubar zu überwinden versucht. Die Babylonier kannten die ›Insel der Seligen‹ als »Ort, wo zwei dem Tode entrissene Menschen ihren Aufenthalt fanden« *(Reinhardt, S. 105)*, ›recht weit‹ *(Jensen, S. 213)* vom persischen Land entfernt.

[189] Gilgamesch-Epos, fragmentarisch überliefert in Form von Tontafeln mit sumerischer Schrift aus dem altbabylonischen Raum, ca. 1900–1600 v. Chr., URL: https://heidicon.ub.uni-heidelberg.de/#/detail/1115892 [letzter Zugriff am: 14.02.2023].

[190] Vgl. Peter Kuon: Artikel »Utopie/Dystopie«, S. 329.

Mythologie«[191] stammen. Konzeptionell für diese Utopien sind die ›terra repromissionis sanctorum‹[192], die traditionell aus »irische[n] Vorstellungen vom Jenseits«[193] hervorgingen. Diese wundervollen Inseln stehen in Übereinstimmung mit der »Insel der Seligen«[194] im *Gilgamesch-Epos* und in Homers *Odyssee*. Die *Meerfahrt St. Brandans* ist weniger eine Irrfahrt, wie sie in der *Odyssee* nach dem Muster der griechischen Mythologie verläuft, sondern vielmehr eine religiös motivierte Pilgerfahrt.[195] Diese Inseln stellen aus christlicher Perspektive das irdische Paradies dar, den Garten Eden, aus dem Adam und Eva vertrieben wurden.[196]

Herrad Spilling spricht im Zusammenhang mit der *Visio Tnugdali* von einer Dystopie wie der ›terra ultima‹[197], die als tiefe Grube der Finsternis vorgestellt werden kann und aus der es kein Entrinnen gibt. Dieser Ort stammt aus dem *Alten Testament* und befindet sich in einer tiefen Finsternis, durchflutet von Wildwasserströmen.[198]

> [D]o wart ich es gewar in einer gruben die wz vierecket als ein cistern vß der gruben ging ein stinckender rauch der reicht in die wolcken in dem rauch vnd in der flammen warent me dan tusent hundert tufel vnd so vil selen die folgent als die funcken in einem flammen in die wolcken vnd fielent dan herwiderab in die grub als in ein brinnenden ofen bed tufel vnd selen miteinander vnd do ich dis groß iamer ersach/ do wolt ich wider hindersich tretten Do kond ich miner fuß kinen erheben von der stat do ich stund/ [...] Du must hin fur du darſt nun zu niman hoffen Noch zu ieman flihen Du solt auch niemer kein licht gesehen/ dir wirt auch niemer kein hilf oder barmhertzikeit erzeiget wiß du bist komen fur

---

[191] Dominik Pietrzik: Die Brandan-Legende, S. 67.

[192] Ebd., S. 57.

[193] Ebd., S. 69.

[194] Ebd., S. 68.

[195] Vgl. ebd., S. 68 f.

[196] Vgl. ebd., S. 70.

[197] Buch Hesekiel (Ezechiel), Kap. 31, Abs. 14 u. Kap. 32, Abs. 18 u. 24, in: Altes Testament. Die Bücher der Propheten, URL: http://www.bibelverse.de/buch/Buch%20Hesekiel%20%28Ezechiel%29.html [letzter Zugriff am: 21.10.2022], zitiert nach: Herrad Spilling: Die Visio Tnugdali, S. 66. Aus dem *Alten Testament* ist die »*terram ultimam*« als eine Grabgrube überliefert, in die »alle unter die Erde und dem Tod übergeben werden« *(Kap. 31, Abs. 14)* müssen.

[198] Vgl. Herrad Spilling: Die Visio Tnugdali, S. 66.

die port der hellen In die soltu zu hant kommen Der dich her hat bracht/ […]
Do sprachent die tufel vndereinander weß stont wir/ weß beiten wir warumb
tragent wir sie nit in abgrund der hellen vnd gebent sie vnserm meister lucifer/
[…] Do ging der engel in die porte der hellen vnd sprach zu mir kom vnd schaw/
Du solt wissen dz die/ die hie wonent nimer kein licht hant/ wan sie kennent
vnß nicht gesehen Aber wir sehen sie wol[.][199]

Neuere Raumtheorien beziehen sich auf das Verhältnis von innerer und äu-
ßerer Qualität des Raumes, die sich mit den Begebenheiten und der Platzierung ihrer Beziehungen auseinandersetzt.[200] Differenzierte Raumdarstel-
lungen der anderen Welt besitzen einen gattungskonstitutiven Charakter
und sind »Elemente der unterschiedlichen phantastischen Subgenr[e]«[201],
weil sie zu den »konstitutive[n] Merkmal[en] des ästhetischen Modus des
Phantastischen«[202] gehören. Laut Michel Foucault sind Utopien Vorstellungen von Räumen, in denen die Orte der Platzierung keine wirklichen
Orte sind.[203] Die Gesellschaft steht darin in einem Verhältnis umgekehrter
Analogie, sodass unwirkliche Räume wie die der Utopie eine »Perfektionie-
rung der Gesellschaft«[204] oder ihrer Kehrseite darstellen. Utopien sind an
keinen festen Ort gebunden so wie die Heterotopien, die mehrere Räume an
einem Ort vereinen. Heterotopien sind vielmehr einem kulturellen Wandel
der Gesellschaft unterworfen und an Diskontinuitätserfahrungen gebunden, weshalb sie mit einem traditionellen Verständnis von Zeit brechen.[205]

---

[199] Nigel F. Palmer: Tondolus der Ritter, S. 69, Z. 736–739, S. 70, Z. 740–746 u. Z. 761–
766, S. 71, Z. 771–774 u. Z. 788–792. Kursivschrift im Original.

[200] Vgl. Michel Foucault: Andere Räume, in: Stadt-Räume, hrsg. v. Martin Wentz, Frankfurt am Main 1991 (Die Zukunft des Städtischen. Frankfurter Beiträge 2), S. 65–72, hier
S. 68.

[201] Markus May: Artikel »Zeit- und Raumstrukturen (Chronotopen/Heterotopien)«, in:
Phantastik. Ein interdisziplinäres Handbuch, hrsg. v. Hans Richard Brittnacher und Markus May, Stuttgart 2013, S. 583–593, hier S. 583.

[202] Ebd.

[203] Vgl. Michel Foucault: Andere Räume, S. 68.

[204] Ebd.

[205] Vgl. Rainer Warning: Einleitung: Heterotopie und Epiphanie, in: Heterotopien als
Räume ästhetischer Erfahrung, hrsg. v. Rainer Warning, München 2009, S. 11–41, hier
S. 12 f.

Ihnen unterliegt ein komplexes System »der Öffnung und Schließung«[206], das auf magische Weise besetzt sein kann und einen illusionären Zutritt über Schwellenerfahrung markiert. Die Jenseitsreise als literarische Heterotopie beschreibt »ein[en] liminale[n] Ort des Wandels«[207] aufgrund der Bewegung in eine andere Welt. Das Jenseits ist dabei stets eine kompensatorische Vorstellung des Diesseits, weshalb die Erfahrungen, die literarische Helden im Jenseits machen, ins Diesseits zurückwirken.[208] Heterotopien in Reiseerzählungen bilden Räume ab, in denen die Figuren durch Bewegung im Raum Heilserfahrung realisieren, sie sind jedoch nicht immer im Diesseits oder Jenseits zu verorten, wie die Schifffahrt in *St. Brandans Meerfahrt*. In der *Vision des Tondolus* hingegen sind die Lohn- und Straforte ausnahmslos als Orte des Jenseits konstituiert, die nur über eine Grenzüberschreitung erreicht werden können. Die Grenzen zwischen Immanenz und Transzendenz sind fließend. Dabei äußert der Visionär eine Empfindung während der Grenzerfahrung im Übergang zum liminalen Raum.[209] Heterotopien dienen der Bewältigung von krisenhaften Situationen, weil sie mehrere Räume an einem Ort vereinen, die normalerweise nicht miteinander vereinbar sind.[210]

Chronotopen gehören zu den theoretischen Modellen, die sich auf die »künstlerisch erfaßten Zeit-und Raum-Beziehungen«[211] beziehen. Sie bilden den wechselseitigen Zusammenhang der »künstlerisch erfassten Raum-Zeit-Beziehungen«[212] ab, in dem die Zeit eine ausschlaggebende Komponente für die Verschmelzung der beiden Taxonomien »zu einem sinnvollen und konkreten Ganzen«[213] darstellt. Durch die Verdichtung der Zeit in Form einer

---

[206] Ebd., S. 13.

[207] Julia Weitbrecht: Aus der Welt. Reise und Heiligung in Legenden und Jenseitsreisen der Spätantike und des Mittelalters, masch. phil. Diss., Heidelberg 2011 (Beiträge zur älteren Literaturgeschichte), S. 142.

[208] Vgl. ebd.

[209] Vgl. ebd., S. 143.

[210] Vgl. Markus May: Artikel »Zeit- und Raumstrukturen (Chronotopen/Heterotopien)«, S. 590.

[211] Ebd., S. 588.

[212] Michail M. Bachtin: Formen der Zeit im Roman. Untersuchungen zur historischen Poetik, hrsg. v. Edward Kowalski und Michael Wegner, aus dem Russischen von Michael Dewey, Frankfurt am Main 1989 (Fischer Wissenschaft), S. 7. Rechtschreibung im Original.

[213] Ebd., S. 8.

Zusammenziehung, Überschneidung und Verschmelzung gewinnt der Raum an Intensität.[214] Makro-Chronotopen beziehen sich » auf umfänglichere chronotopische Komplexe «[215], wie den Abenteuer- oder Ritterroman. Mikro-Chronotopen finden sich im ›Weg‹, der ›Begegnung‹ und der ›Schwelle‹ auf Ebene des Motivs.[216] Sie sind konstitutiv für die Bildung gewisser Subgenre der Fantastik, z. B. für die Reise, die Metamorphose oder den Traum.[217]

Henri Lefebvre befasst sich mit dem Raum als Implikation eines sozialen Produktes.[218] Dabei tritt » [d]er (physische) Naturraum «[219] zurück und erfährt eine Aufwertung durch Symbole als » Filter der Erinnerung «[220], die sich dem Denken entziehen. In ihrer Produktionsweise basieren sie auf den spezifischen Besonderheiten der Gesellschaft, die ihren eigenen Raum produziert und in ihm ihre sozialen Reproduktionsverhältnisse spiegelt.[221] Sie unterliegen einer sozialen Reproduktion, die auf dem » Fortleben der Gesellschaft «[222] basiert. So wird der Raum zu einer Kontinuität, der über Generationen erhalten bleibt.[223] Er unterliegt einer » dreifachen Interferenz der sozialen (Produktions- und Reproduktions-)Verhältnisse «[224], die durch Koexistenz, Verhältnismäßigkeit und Gesellschaftsfähigkeit repräsentiert werden. Konstitutiv für Jenseitsräume sind komplexe Symbolisierungen, die

---

[214] Vgl. Markus May: Artikel » Zeit- und Raumstrukturen (Chronotopen/Heterotopien) «, S. 588.

[215] Ebd.

[216] Michail Bachtin: Formen der Zeit im Roman; „Weg und Begegnung" (S. 22–24), „Schwelle" (S. 198–200), vgl. nach: ebd.

[217] Vgl. Markus May: Artikel » Zeit- und Raumstrukturen (Chronotopen/Heterotopien) «, S. 590.

[218] Vgl. Henri Lefebvre: Die Produktion des Raums, in: Raumtheorie. Grundlagentexte aus Philosophie und Kulturwissenschaften, hrsg. v. Jörg Dünne und Stephan Günzel, 7. Auflage, Frankfurt am Main 2012 (Suhrkamp Taschenbuch Wissenschaft 1800), S. 330–342, hier S. 330.

[219] Ebd. Zusatz im Original.

[220] Ebd.

[221] Vgl. ebd., S. 330 f.

[222] Ebd., S. 332.

[223] Vgl. ebd.

[224] Ebd. Zusatz im Original.

sich mit der »unterirdischen Seite des sozialen Lebens«[225] und ihrer künstlerischen Auffassung davon befassen. Sie können demnach »als Code der Repräsentationsräume«[226] bezeichnet werden. Repräsentationsräume gelten als gelebte Räume, weil sie vom Benutzer aufgrund seiner Einbildungskraft als erlitten angeeignet werden.[227] Sie stehen im Mittelpunkt eines dreifachen Beziehungseffekts, der als »Echo-, Resonanz- oder Spiegeleffekt«[228] definiert werden kann. Sie unterliegen einem historischen Wandel, können ihre repräsentative Funktion jedoch über mehrere Jahrhunderte bewahren.[229] Gelebte Repräsentationsräume sind abstrakt in ihrer »sozialen und politischen Praxis«[230], gehorchen aber einer Logik der Beziehung, die zwischen dem Objektiven und Subjektiven liegt und nicht kohärent ist. Der Ursprung gelebter Repräsentationsräume liegt »in der Geschichte eines Volkes«[231] oder eines Individuums. Ihre Inkohärenz ist »vom Imaginären und vom Symbolismus«[232] geprägt, weil sie in der Verbindung mit ihrer Praxis auch traditionelle Ideologien verändern.[233]

2.2 Gedankengeschichte – das Jenseits als ein Ort der immateriellen Existenz

Aus natur- und geisteswissenschaftlicher Sicht gibt es keinen eindeutigen Beweis für die Existenz des Jenseitsraumes.[234] Der Glaube an das Jenseits ist älter als der biblische Monotheismus oder die israelitische Hoffnung auf den Messias. Die unsterbliche Seele und der jenseitige Tod sowie die Vorstellung von Himmel, Hölle und Fegefeuer sind keine Wahrheiten aus der Bibel oder

---

[225] Ebd., S. 333.
[226] Ebd.
[227] Vgl. ebd., S. 335.
[228] Ebd., S. 336.
[229] Vgl. ebd., S. 339.
[230] Ebd.
[231] Ebd.
[232] Ebd.
[233] Vgl. ebd., S. 340.
[234] Vgl. Ludwig Reinhardt: Kennt die Bibel das Jenseits?, S. 2.

dem Christentum, sondern stammen aus den Vorstellungen des heidnischen Aberglaubens.[235] Das Jenseits ist der Bibel weitestgehend unbekannt und wird dort nur im geografischen Sinne benutzt. Ludwig Reinhardt vertritt die Auffassung, dass Martin Luther in seinen Übersetzungen von dieser und jener Welt spricht, indem er auf zwei Weltperioden anspielt, die als eine gegenwärtige und eine zukünftige Welt interpretiert werden kann.[236] Jesus Christus habe keine dualistischen Welten im Sinn gehabt, sondern verweise auf zwei verschiedene zeitliche Perioden: einerseits auf das gegenwärtige Weltreich und andererseits auf die zukünftige Gottesherrschaft.[237] Er erwartete zwar » die Auferstehung von den Toten «[238], weil sie »Engeln gleich und Gottes Kinder «[239] seien, kannte aber kein »Jenseits im Tode «[240], sondern hoffte auf »das zukünftige Leben nach der Auferstehung des Leibes im diesseitigen Messiasreich «[241]. Als Beweis für das Jenseits wird häufig die Himmelfahrt Christi angeführt. Nach Ludwig Reinhardt gehört der Himmel zur räumlich sichtbaren Weltsphäre im Gegensatz zum immateriellen Jenseits, in dem sich die Leblosen befinden. Es waren die Apostel, die israelitischen Messiasgläubigen, die die Rückkehr des Messias auf die Erde erhofften.[242] Diese Hoffnung der Urchristenheit bezog sich auf das kommende »Reich Gottes auf Erden «[243] und » nicht auf ein Jenseits im Tode «[244]. Laut Ludwig Reinhardt ist im *Neuen Testament* niemals die Rede von einem Jenseits gewesen, sondern von einer zukünftigen Weltperiode, weil sogar die *Offenbarung des Johannes* nur eine Zukunftsvision Gottes zeigt.[245] Der *Hebräerbrief* weist

---

[235] Vgl. ebd., S. 3.

[236] Vgl. ebd., S. 7 f.

[237] Vgl. ebd., S. 9.

[238] Lukas, Kap. 20, Abs. 35, in: Bibel. Neues Testament mit Psalmen Sprüchen, revidierte Fassung von 1984, hrsg. v. der Evangelischen Kirche in Deutschland, Stuttgart 1999 (Text der Lutherbibel), S. 182.

[239] Ebd., Kap. 20, Abs. 36, S. 182.

[240] Ludwig Reinhardt: Kennt die Bibel das Jenseits?, S. 9.

[241] Ebd.

[242] Vgl. ebd., S. 10.

[243] Ebd.

[244] Ebd.

[245] Vgl. ebd., S. 11.

ausdrücklich darauf hin, dass das, wovon Johannes in seiner Offenbarung spricht, auf »die zukünftige, bewohnte Erde«[246] bezogen ist. Jesus Christus leugnet das »Lebe[n] im Jenseits«[247], wenn er sagt, dass Gott für die Lebenden ist, nicht aber für die Toten. »[D]as ganze Alte Testament«[248] und die urchristliche Lebensauffassung nach altisraelitischem Hoffnungsglauben gründeten auf dem »Glauben an Jahveh«[249], dem »Einen [...] lebendigen Gott«[250]. Die Jahvehreligion und die Israeliten wiesen in vorgeschichtlicher Zeit »den Totenkultus und die Totenbefragung [...] als heidnischen Aberglauben«[251] aufs Schärfste zurück und bekämpften ihn, weil Jahveh nur in der lebendigen Weltsphäre leben, wirken und offenbart werden konnte.

> Also schon der Gottesbegriff Israels widerspricht dem Glauben an ein jenseitiges Leben im Tode, wie die Aegypter, Plato und die mittelalterliche Orthodoxie es lehrten. [...] Der durch die Sünde dem Tode verfallene, sterbliche Mensch hatte nach biblischer Anschauung keine unsterbliche Seele, sondern dem Volke Gottes war nur durch den Bund mit Jahveh (dem Lebendigen) die Hoffnung des ewigen Lebens denkbar. Die Hoffnung an ein zukünftiges Leben konnte darum bei Israel nur aus dem Glauben an die Auferstehung des zum Leichenfeld gewordenen Volkes der Verheißung sich entwickeln.[252]

Authentische geschichtliche und archäologische Quellen über die Anfänge des »Geisteslebens der Menschheit«[253] und die Herkunft der Jenseitsvorstellungen existieren in Form von assyrischen Relikten, babylonischen Keilschriften und ägyptischen Hieroglyphen, die von Ausgrabungen dieser Überreste stammen und auf heidnische Religionen und deren Kulte hinweisen. Die Vorstellung von der Unterwelt war an »ein Fortleben nach dem Tode«[254]

---

[246]   Ebd.
[247]   Ebd., S. 13
[248]   Ebd.
[249]   Ebd.
[250]   Ebd.
[251]   Ebd.
[252]   Ebd., S. 14. Zusatz und Rechtschreibung im Original.
[253]   Ebd., S. 98.
[254]   Ebd, S. 99.

gebunden. Es waren »[d]ie Babylonier, Assyrer [und] Aegypter«[255], die »lange vor Christus und Moses«[256], bereits sogar »vor Abraham, dem Vater der Gläubigen«[257], an das »Jenseits im Totenreich«[258] glaubten, was u. a. Totenbücher aus der Pyramidenzeit belegen. Laut Eberhard Schrader lässt sich die literarische Quelle mit dem Titel *Die Höllenfahrt der Istar* (1874) »zweifellos zu den denkwürdigsten Literaturresten des orientalischen Alterthums«[259] hinzuzählen. Das assyrische Epos wurde in seiner ursprünglichen Form, den Keilschrifttäfelchen, als Eigentum des im 7. Jahrhundert v. Chr. regierenden assyrischen Königs im Britischen Museum (um 1873) ausgestellt.[260] Es gehörte König Niniveh, dem »Köni[g] vom Lande Assur«[261] und war »Bestandteil [seiner] Bibliothek«[262], die er zur Zeit seiner Herrschaft (667–626/625 v. Chr.) besaß.[263] Aus diesem altbabylonischen Epos mit assyrischer Herkunft wird deutlich, dass der Jenseitsglaube mit dem Totenkult der Babylonier einhergeht.

> Nach dem Lande ohne Heimkehr, dem fernen, dem Gebiet der Verwesung, Istar, Sin's Tochter, ihren Sinn [fest] richtete, [...] nach dem Haus der Verwesung, der Wohnung Irkalla's, [...] dessen Eingang ist ohne Ausgang, nach dem Pfad, dessen Weg ist ohne Rückkehr, nach dem Hause, dessen Eingang des Lichtes beraubt ist, einem Orte, da Staubes Menge ihre Nahrung, ihre Speise Lehm, wo Licht nimmer geschaut wird, wo im Düstern sie wohnen, Geister (?) gleichwie Vögel die Gewölbe durchschwirren.[264]

---

[255] Ebd. Rechtschreibung im Original.

[256] Ebd.

[257] Ebd.

[258] Ebd.

[259] Eberhard Schrader: Die Höllenfahrt der Istar. Ein altbabylonisches Epos. Nebst Proben assyrischer Lyrik. Text, Uebersetzung, Commentar und Glossar, Giessen 1874, S. 3 (Vorbericht). Rechtschreibung im Original.

[260] Vgl. ebd.

[261] Ebd.

[262] Ebd.

[263] Vorder- und Rückseite eines mit Keilschrift bedeckten Tontäfelchen, dessen Inschrift lautet: *kisidti Asurbanihabal sar kissâti sar mat Assur d. i. >Eigenthum Sardanapal's, des Königs der Völker, des Königs vom Lande Assur<*, in: Britisches Museum (um 1873), Bezeichnung K. 162, zitiert nach: ebd.

[264] Eberhard Schrader: Die Höllenfahrt der Istar, S. 9 (Übersetzung). Zusatz im Original.

Ludwig Reinhardt geht davon aus, dass diese »Sagen und Totenbücher«[265] aufgrund eines bereits bestehenden Jenseitsglaubens von »den noch viel älteren attadisch-sumerischen Heiden«[266] stammen könnten. Einige Gelehrte vertreten die Auffassung, dass der Glaube an ambivalente Jenseitsorte den alten Mythologien vorausgeht »und mit den Uranfängen des Geisteslebens«[267] zusammenhängen. »Fetischismus, Totenkult [und] Dämonenglauben«[268] können demnach nicht als Ursprünge des Jenseitsglaubens angesehen werden, sondern wurden von den heidnischen Völkern vielmehr für ihre Kulte vorausgesetzt. Die tiefste Wurzel des Jenseitsglaubens ist »[d]ie Phantasiethätigkeit des sinnlichen [...] Menschen«[269]. Deshalb muss es die Furcht vor dem Tod und die Lust am Leben sein, die im menschlichen Selbstbewusstsein erwacht und zu einer immateriellen Existenzauseinandersetzung führt.[270] Im Gegensatz zum Tier, das nicht über sein Schicksal nachdenken kann, erscheint der Tod dem Menschen als widernatürlich und erweckt »in ihm das Verlangen nach einer persönlichen Fortdauer nach dem Tode«[271]. Ein weiterer Ursprung des Jenseitsglaubens ist das »mit der Geistesentwicklung der Menschheit zusammenhängende [...] Verstandesrätsel«[272], das sich dem menschlichen Geist aufgrund der »Thatsache des Todes«[273] stellt. Der vierte Ursprung basiert auf dem Bewusstsein des Menschen um den unendlichen Wert seiner Persönlichkeit, der sich in der Forderung nach sittlichem Wollen äußert und dem, im positiven Sinne, ein »Streben nach idealer Vollkommenheit«[274] zugrunde liegt.

Der Glaube an das Jenseits steht stark mit heidnischen Existenzauseinandersetzungen in Verbindung, die aus Totenbüchern, Totengräbern und Grabbeigaben überliefert sind und die den Verstorbenen die Möglichkeit

---

[265] Ludwig Reinhardt: Kennt die Bibel das Jenseits?, S. 99.

[266] Ebd.

[267] Ebd.

[268] Ebd.

[269] Ebd., S. 101. Rechtschreibung im Original.

[270] Vgl. ebd.

[271] Ebd.

[272] Ebd., S. 102.

[273] Ebd. Rechtschreibung im Original.

[274] Ebd.

boten, nach dem Tod weiterzuexistieren, wenn auch nur im immateriellen Sinne. Der babylonisch-assyrische Jenseitsglaube wird als eine der ältesten überlieferten Vorstellungen angesehen, weil »dieselben Ideogramme für den Begriff ›Grab‹ sowohl wie für den Begriff ›Totenreich‹ ver[wendet] wurden«[275], weshalb das Jenseits naturgemäß als »Totenreic[h] unter der Erde«[276] vorstellbar war. Das semitische Schrifttum, das auf einer Linie »mit den frühesten Stücken des Alten Testament [...] steh[t]«[277], basiert auf den Sagen, die »die Hebräer bei ihrer Auswanderung aus Ur der Chaldäer [...] mitgebracht [...] haben«[278], was »zur Zeit Abrahams oder ca. 2000 vor Chr.«[279] gewesen sein könnte. Bei den alt-semitischen Überlieferungen handelt es sich um selbstständig vorliegende Handschriften, die »nicht auf spätere Handschriften verw[ei]sen [...], sondern mehr als 2500 Jahre alte Terte«[280] zu sein scheinen.

Die ägyptische Kultur hat ungefähr 4000 v. Chr. den babylonischen Jenseitsglauben importiert, konnte seine archäologischen Überreste aber besser bewahren, weshalb die ägyptische Kultur älter erscheint, als sie im Gegensatz zur babylonischen war.[281] Das liegt einerseits am trockenen Wüstenklima, andererseits an der sorgfältigen »Erhaltung ihrer Tempel, Gräber und Mumien«[282]. Die Babylonier waren vielmehr für ihre Kriegsführung und Eroberungen bekannt als für die Erhaltung ihrer Denkmale.[283] In Form von Hieroglyphen überlieferte Überreste des ägyptischen Jenseitsglaubens finden sich in der »Sonnenfahrt in [die] Unterwelt«[284] und in der »Osirianische[n] Unsterblichkeitslehre«[285]. Weitere Aufschlüsse über den Jenseitsglauben der

---

[275] Peter Jensen: Die Kosmologie der Babylonier. Studien und Materialien. Mit einem mythologischen Anhang und 3 Karten, Strassburg 1890, S. 225.

[276] Ludwig Reinhardt: Kennt die Bibel das Jenseits?, S. 105.

[277] Ebd., S. 110.

[278] Ebd.

[279] Ebd.

[280] Ebd.

[281] Vgl. ebd.

[282] Ebd., S. 111.

[283] Vgl. ebd.

[284] Ebd.

[285] Ebd.

altertümlichen Kulturen lassen sich durch die Betrachtung ihrer Totenkulte gewinnen. Die Ägypter pflegten sorgfältige Zeremonien bei der Beerdigung. Sie mumifizierten die Leichname und bauten unverwüstliche Gräber. Sie stifteten Totenopfer und Statuen, die sie in den Gräbern verwahrten, und versahen sie mit Inschriften, die sie durch Zauberformeln besiegelten.[286] Osiris, der Gott der Toten, war der »König im Reiche der Seligen«[287] und nahm die Verstorbenen unter der Erde auf, nachdem sie eingetreten waren und sich zu ihren Sünden bekannten. Kleine Becher und Überreste von Tierknochen unter der Erde an den Gräbern zeigten, dass die Ägypter den Verstorbenen »zu essen und zu trinken mitgegeben hatte[n]«[288], was auf einen Glauben an ein Leben nach dem Tod hinweisen könnte.

Der indische Seelenwanderungsglaube muss mindestens mit der Geburt Buddhas bereits im 6. Jahrhundert v. Chr. entstanden sein, wahrscheinlich schon viel früher, weil bereits zu diesem Zeitpunkt »die Schrecken der Seelenwanderungslehre«[289] tief im Bewusstsein des Volkes verankert gewesen waren. Die Seelenwanderung war eine wirksame Reinigung der Seele, die den Jenseitsgedanken mit dem Glauben an die Wiedergeburt auf der Erde verband. Es war ein ritueller Reinigungsgedanke, der mit dem Übertritt ins Jenseits einherging und die menschliche Seele von ihrer Schuld zu befreien versuchte.[290] Der Hinduismus brachte den ersten Gedanken an eine »Hölle als Strafort für die im irdischen Leben begangenen Sünden«[291] hervor, der im Jenseits verortet werden konnte.

Die alten Griechen kannten nicht nur den Jenseits- und Unsterblichkeitsgedanken, sondern sahen den Menschen als dualistisches Wesen, das eine doppelte Erscheinung besaß: die Erscheinung des äußerlich wahrnehmbaren Körpers und der inneren geistlichen Psyche. Der Mensch als dualistisches Wesen lebte nach altgriechischer Auffassung ein Doppelleben – eines in der diesseitigen Welt und eines als Abbild in der jenseitigen Welt, der Traumwelt. Dort lebte er in Ohnmacht und Ekstase. Was ihm dort gezeigt wurde, waren

---

[286] Vgl. ebd., S. 114.
[287] Ebd., S. 115. Rechtschreibung im Original.
[288] Ebd., S. 116.
[289] Ebd., S. 121.
[290] Vgl. ebd., S. 121 f.
[291] Ebd., S. 122.

Lichtwesen, also ein Hauch eines nicht sichtbaren Ichs (Psyche).[292] Der Geist, der in Ohnmacht den Körper verlassen hatte, konnte ebenso wieder zurückkehren; wenn der Tod aber eintrat, so blieb der Geist vom Körper geschieden und wandte sich dem Ort der Geister, dem Hades, zu.[293] Er entfloh dem Körper als frei gewordene Seele in das »Reich der Toten«[294]. Der altgriechische Jenseitsglaube verbreitete » sich hauptsächlich durch die Eleusinischen Mysterien«[295], die später vom Christentum aufgenommen wurden, als dieses »in die hellenistische Kulturwelt eintrat«[296]. Ebenso wie die altertümlichen Heiden aus dem mesopotamischen Raum waren auch die heidnischen germanischen Völker mit dem Jenseitsgedanken vertraut, bevor die christliche Kirche den Glauben an Himmel und Hölle verbreiten konnte.[297]

Eine weitere Überlieferung des Jenseitsglaubens findet sich im »Druiden und keltische[n] Seelenwanderungsglaube[n]«[298], der in der späten Kaiserzeit Caesars (1. Jh. v. Chr.) überliefert wurde, aber zu dieser Zeit bereits aus altirischen Überlieferungen bekannt gewesen sein musste.[299] Die druidische Priesterschaft hatte ihren Ursprung in der Antike, wie zwei altertümliche epigrafische Bezeichnungen (gutuatres und aegones) zeigen. Der Begriff ›gutuater‹ bedeutet so viel wie ›Vater der Anrufung‹, kann aber auch mit ›Vorbeter‹ oder ›Imam‹ übersetzt werden. Daneben existierten die ›Seher‹, die als ›Veleda‹ bekannt waren.[300] Druiden waren nicht nur »Priester und Rechtsgelehrte«[301], die zu Zeiten Caesars als religiöse Weiher für Gerichtsverhandlungen im alten Gallien dienten, sondern ebenso Naturphilosophen, die sich mit der Kosmologie des Sternenverlaufs und der Dimension

---

[292] Vgl. ebd., S. 123.

[293] Vgl. ebd., S. 125.

[294] Ebd.

[295] Ebd., S. 130.

[296] Ebd., S. 131.

[297] Vgl. ebd.

[298] Helmut Birkhan: Druiden und keltischer Seelenwanderungsglaube, in: Der Begriff der Seele in der Religionswissenschaft, hrsg. v. Johann Figl und Hans-Dieter Klein, Würzburg 2002 (Der Begriff der Seele 1), S. 143–158, hier S. 143.

[299] Vgl. ebd.; Caesars 6. Buch des Gallischen Krieges gilt als Hauptquelle des „keltischen Priesterorden[s] der Druiden".

[300] Corpus Inscriptionum Latinarum CIL XIII 1577, 11225 f., zitiert nach: ebd., S. 145.

[301] Helmut Birkhan: Druiden und keltischer Seelenwanderungsglaube, S. 144.

der Erde beschäftigten. Im Unterschied zu Schamanen waren Druiden nicht
an ekstatische Erlebnisse gebunden, weil sie eine priesterliche Funktion er-
füllten, die sie nicht aufgrund ihrer Kastenzugehörigkeit besaßen, sondern
aufgrund ihres Studiums. Mit den Schamanen gemeinsam hatten die Druiden die Vorstellung von der Unsterblichkeit der menschlichen Seele.[302] Helmut Birkhan geht davon aus, dass sich im Druidentum eine neue euphemis-
tische Philosophie des Totengedenkens entwickelt hat, weil in ihm die Seele
besser zur Wiedergeburt freigegeben werden konnte.[303] Im Vordergrund ihres Totenkultes stand nicht der »Glaub[e] an die ›wirklichen‹ Bedürfnisse
der Toten«[304], sondern vielmehr die »Versöhnung des Totengeistes«[305]. Die
Grabbeigaben der keltischen Kultur sind nur schwer nachvollziehbar, weil
die Druiden Brandbestattungen vorzogen und demnach die »Seele zur Neuinkarnation«[306] beförderten. Zwar prägte die Druidenkultur eine naturphi-
losophische Vorstellung der Seelenwanderungslehre, die im literarischen
Sinne auf eine dichterische Metaphorik in der Verehrung von Bäumen verweist, u. a. zeigen das auch die »Pflanzenbenennungen im Personennamen-
schatz«[307], z. B. bedeutet Mac Cartney ›Sohn der Erbesche‹[308]. Dennoch ist
für die keltische Kultur eher eine »Neuinkarnation in Menschengestalt«[309]
als eine dem Schamanismus zugrunde liegende »Seelenwanderung in Tiergestalt«[310] anzunehmen. Wie bereits die Germanen die »Neuinkarnation
im Enkel«[311] annahmen, stützte sich die Druidenlehre ebenso auf die Inkarnation von Ahnen.[312] Altirische Erzählungen, beispielsweise die über den

---

[302] Vgl. ebd., S. 145.

[303] Vgl. ebd., S. 147.

[304] Ebd.

[305] Ebd.

[306] Ebd., S. 148.

[307] Ebd., S. 156.

[308] Ebd.

[309] Ebd., S. 157.

[310] Ebd.

[311] Ebd.

[312] Vgl. ebd.; bei den Germanen bedeutete ›Enkel‹ ›kleiner Ahn‹, was sich heute noch in
       der Tradition der Namensgebung widerspiegelt, wenn Neugeborene den Vornamen von
       einem ihrer Großeltern erhalten.

Ulsterkönig Conchobar[313], beweisen, wie sehr die keltische Seelenwanderungslehre mit dem Glauben an die Wiedergeburt in Zusammenhang stand. Demzufolge rückt der druidische und keltische Seelenwanderungsglaube in die Nähe der germanischen Jenseitsvorstellungen und repräsentiert weniger den indischen Reinkarnationsgedanken.[314]

2.3 Hölle und Himmel – Kompensationsräume

Die Hölle ist das »Reich [...] der Düsterkeit«[315], an dem die Sünder ihre schlechten Taten verbüßen müssen. Während der Gegenreformation und in der bildenden Kunst des Mittelalters bestand ein großes Interesse an der Darstellung der Hölle, die eine »ästhetisch[e] Lizenz zur Aktivierung sonst tabuisierter Sujets«[316] enthält, in denen Gewalt oder Sexualität eine Rolle spielen. In der Hölle als Gegentopos des irdischen Paradieses »herrscht das Gesetz einer ordo inversa«[317], denn hier werden die paradiesischen Zustände umgekehrt dargestellt. Das Klima besteht aus turbulenten und stürmenden Wetterverhältnissen, wie die tobenden Winde, den Eis- und Feuerbädern oder den peitschenden Regengüssen. Ein fürchterlicher Gestank umgibt die Hölle, deren räumliche Konstitution alle Sinne des menschlichen Bewusstseins ergreifen kann. Sie besteht aus verschiedenen Höllenkreisen, die sich vom Läuterungsberg über die Stätten der Marter bis hin zur Höllenpforte erstrecken, sodass jede Sünde an einem äquivalenten Höllenraum verbüßt

---

[313] Vgl. ebd., S. 157 f.; Birkhan erzählt die Geschichte des Ulsterkönigs Conchobar, der »auf geheimnisvolle Weise zu einem kleinen Kind gelangt«, das aber direkt nach der Geburt verstirbt. In Tiergestalt offenbart sich der Mutter Dechtire, dass sie das unbekannte Kind von Gott Lug empfangen habe. Die Ulsterleute glauben diese Geschichte nicht und vermuten den Ulsterkönig als Vater des verstorbenen Kindes. Nachdem Dechtire ein weiteres Kind als Fötus verloren hat, gebiert sie »den unvergleichlichen Helden *CúChulainn*«, der als Dreimalgeborener zu einem der »bedeutendsten irischen Helden wurde«.

[314] Vgl. ebd., S. 158.

[315] Hans Richard Brittnacher: Artikel »Satanismus«, in: Phantastik. Ein interdisziplinäres Handbuch, hrsg. v. Hans Richard Brittnacher und Markus May, Stuttgart 2013, S. 472–482, hier S. 482.

[316] Ebd.

[317] Ebd.

werden muss, was auch als Perversion der Hölle gedeutet werden kann. Spätestens seit dem 19. Jahrhundert gilt die Hölle als Ort auf der Erde, an dem eine Unerträglichkeit des menschlichen Zusammenlebens vorstellbar ist.[318] Ihr Abbild kann demnach »ein[e] unerfüllt[e] menschlich[e] Existenz«[319] an einem fatalistischen und existenzialistischen Ort abzeichnen, der eine unmenschliche Situation beschreibt.

In der *Vision des Tondolus* konstituiert sich die Hölle als Angstraum aus einer unendlichen Weite und Tiefe, indem das Motiv der Wiederholung von Qualen exerziert wird. Tondolus muss an der Seite seines Begleiters die Folter und Qualen der Höllenereignisse am eigenen Leib erleben.[320]

> D[o] sprach aber der engel volg mir nach wir hant einen langen berg vor vns/ do volgt ich dem engel/ vnd wir kamend an einen grossen hohen berg der was gar vngehur an zu sehen/ vber den berg ging gar ein enger steg zu einer hant des steges/ was ein grosser furiger brun vol schwebelß und bechs/ Vnd zu der andern siten des berges was vnmeßlich groß kelt/ Von wind schne/ vnd yß/ Vnd der berg vff beden siten was vol teufel/ die hetten jserin brinende hacken mit dryen zincken/ do mit zogent sie die armen selen in die pin/ Vnd wan die selen in einem teil des berges gebranten in dem schwefel vnd bech Dan so wurffent die teufel die armen selen mit den gabeln in das ander teil des berges in die vnmeßlich groß kelte vnd frost Vnd dan aber ie eins vmbe das ander von der kelt in die hitz Do ich diß wunderlich pin gesach/ vnd erkant das ich solt gan vber den engen steg vnd vber den grulichen berg Do sprach ich zu dem engel Eya lieber her wie sol ich arm sele vber diesen grulichen steg komen Sid ich vff beden siten sehe mein ewig verdamnis Do sprach der engel enforch dich nit/ antwederß gang mir vor oder noch/ Do keret ich jm nach zu gan [...].[321]

Der Raum wird in der mittelalterlichen Vision zur Instanz der Reglementierung und Verurteilung menschlicher Verfehlung und Sexualität, die auf biblische Interpretationen zurückzuführen sind. In der *Genesis* ist es die Erbsünde, die zur Verteufelung der Sexualität beitrug. In der christlichen Kirche waren es

---

[318] Vgl. ebd.
[319] Ebd.
[320] Vgl. Nigel F. Palmer: Tondolus der Ritter, S. 66–71.
[321] Ebd., S. 52, Z. 191-203, S. 53, Z. 204-214.

die Kirchenväter, wie der heilige Paulus, die in ihren Lehren darauf abzielten, die menschliche Sexualität zu negativieren.[322] Diese Interpretationen führten zu einem Motiv der Reinheit, das die »Verurteilung der Abtreibung«[323], die »Ablehnung der ›Liebesleidenschaft‹«[324] und eine »Mißbilligung der Bisexualität«[325] mit sich brachte. Seit dem *Alten Testament* haben antifeministische Einstellungen der menschlichen Sexualität eine lange Tradition. Die Sünde begann demnach bei der Frau, wodurch alle Menschen irgendwann einmal sterben mussten.[326] Das *Neue Testament* pries die Ehe und erklärte sie für heilig, indem der Ehebruch verurteilt wurde. Die Entwicklungen einer Sexualethik waren im 4. Jahrhundert sichergestellt und führten zu einem Jungfrauenideal in der Gesellschaft und zu einem Keuschheitsgebot im Mönchtum.[327]

In seiner Vision erzählt Tondolus von der Pein geistlicher Mönche und Nonnen, die ihre Geistlichkeit nur zum Schein tragen und in einem finsteren Berg, der von Feuer und Flammen umgeben ist, wegen ihrer Unkeuschheit gestraft werden.[328] In *St. Brandans Meerfahrt* sind es weniger eschatologische Vorstellungen einer tiefen, sich in der Grube befindenden Hölle, als vielmehr die ungebändigte Natur des Klebermeers, die die Reisenden ängstigt und überwältigt.[329]

Eine in Mitteleuropa weitverbreitete Höllenvorstellung war die Idee des Fegefeuers als Läuterungssystem, die sich bis ins 13. Jahrhundert immer weiterentwickelte. Es war vor allem die keltische Tradition, die den Weg zur Darstellung des Fegefeuers eröffnete. Eine Sicherstellung des Ortes der Läuterung fand im 12. Jahrhundert durch die *Visio St. Patricius* (Das Fegefeuer des heiligen Patricius) statt. Wohingegen erst im 13. Jahrhundert unter christlichem Vorzeichen ein Ort des Fegefeuers vorstellbar war, der auf dem zweiten Lyoner Konzil (1274) erklärt wurde.[330] Das Fegefeuer war kein Ort

---

[322] Vgl. Jacques Le Goff: Phantasie und Realität des Mittelalters, S. 156.

[323] Ebd., S. 157.

[324] Ebd. Hervorhebung im Original.

[325] Ebd. Rechtschreibung im Original.

[326] Vgl. ebd., S. 158.

[327] Vgl. ebd., S. 159 f

[328] Vgl. Nigel F. Palmer: Tondolus der Ritter, S. 59–66.

[329] Vgl. Rolf D. Fay: Sankt Brandan, S. 10–13.

[330] Vgl. Jacques Le Goff: Phantastik und Realität des Mittelalters, S. 107 f.

der Buße, sondern ein Ort der Läuterung, an dem die Sünden der Menschen zur Strafe kommen sollten. Es gab aber unterschiedliche Vorstellungen über den Zeitpunkt der Läuterung im Fegefeuer, weil einige Theologen das Jüngste Gericht als optimalen Zeitpunkt der Läuterungserfahrung annahmen. Dabei war im Christentum die Zeit im Fegefeuer von der Schwere der Sünden und dem Wunsch nach Buße abhängig. Der Aufenthalt dauerte vom Tod bis zur vollendeten Läuterung und war für das Christentum mit Interpretationsproblemen verbunden.[331] Ob der Bestrafte am Tag des Jüngsten Gerichts in Gottes Antlitz sehen konnte oder nicht, war unklar und blieb bis ins 14. Jahrhundert ein Streitpunkt unter den Scholastikern.[332]

In der *Vision des Tondolus* wird die Debatte über das Fegefeuer als System der Läuterung in Form eines Streitgesprächs mit dem Engel thematisiert. Dieser Teil ist von den anderen Jenseitsorten abgeschnitten und befindet sich in einem finsteren und steinigen Berg. Tondolus selbst beschreibt den Weg ins Fegefeuer, der ihn in ein Haus führt, aus dem helles flammendes Licht heraustritt. Dort muss er die Qualen des Feuers ertragen, bis er zu einer Erkenntnis gelangt.[333]

> Do gingent wir furbas in einen finstern vnd harten berg/ vnd koment fur ein huß das stund weit offen was grossz vnd wit vnd schein licht als ein bachoffen/ vß dem huß gingent furig flammen/ die verbranten all die selen die do by tusent schrite vmb dz huß warend vnd do ich dz grulich brinnend huß sach do wolt ich im [...] nit nahen wan ich vor vast gebrant wz Vnd sprach zu dem engel/ was sol ich arme sel nun tun Ich gang zu der porten des ewigen todes/ wer hilffet mir nun/ Do sprach zu mir der engel von dem fure vnd flammen der vß dem huß schlecht vnd brinnet soltu erlost werden/ Aber in das huß do die flam heruß schlecht dar in wurstu kommen/ [...] vnd trost mich Gehab dich wol Got ist allein der die sele furet in die helle vnd widerumb vß der helle/ Du hast groß pin gelitten/ iedoch hat dich gottes barmhertzikeit behutet vor vil grosser pinen/ die du verdint hast/ Vnd alle die selen die du noch gesehen hast die beitent des iungsten vrteils/ Aber die selen der pin du noch schawen solt/ die sint ytzunt verurteilet zu dem ewigen tod wan du bist noch nit kommen zu der rechten helle[.][334]

---

[331] Vgl. ebd., S. 109 f.

[332] Vgl. ebd., S. 113.

[333] Vgl. Nigel F. Palmer: Tondolus der Ritter, S. 59–68.

[334] Ebd., S. 60, Z. 434-447, S. 68, Z. 702–710

St. Brandan hingegen versteht sehr wohl, dass er während seiner Meerfahrt
neun Fegefeuer durchfährt, eines davon trifft auf ihn in Gestalt eines Meer-
wunders.[335]

> U[n]d do sie auß den winden k[ô]ment, Do k[ô]men sy aber in grosse not, wan
> es k[ô]m aber gen in auff dem M[ô]r ain groß engstlich m[ô]rwunder, das was
> voran als ein man vnd hindan als ein visch. das thett, als ob es den kiel wolt
> vmbwerffen. Do sprach sand Brandon: »gehabt euch wol vnnd fürcht euch nit,
> das ir erschreckennt! Got mag vnns wol gehellffen. Nun lassent vnns faren, es
> mag vns nit geschaden.« vnnd dasselb Thier het ainen geh[ô]rneten leib vnd ain
> grausamclichs antlicz vnd für lanng vmb den kiel vnd het in geren vmbgezogen.
> Da viel sand Brandon auff dye kny vnnd bat got, das er sye behüt. da ließ das
> m[ô]rwunder ab vnd gieng vnder bey dem kiel. do h[ô]rten sye den ganczen tag
> das m[ô]rwunder vnden in dem grund fallen, wallenn vnd grausenlich wüten.
> Do verstund sand Brandon wol, das an der selben stat der neun Fegfeuer aines
> was. Da schlugent sye sich nider ferr in ainen See.[336]

Im frühen Mittelalter gab es keine konkrete Vorstellung vom Fegefeuer, weil
es unterschiedliche Darstellungen darüber gab. Es konnte einerseits als am-
bivalenter Jenseitsort, andererseits als radikales im Diesseits gelegenes Über-
wältigungssystem aufgefasst werden, das nicht an einen spezifischen Raum
gebunden war, sondern als Anderswelt wahrgenommen wurde.[337] Tatsächlich hatte die mittelalterliche Gesellschaft bis in das 12. Jahrhundert Schwierigkeiten bei der »Lokalisierung des Fegefeuers«[338], weil das Wort ›purgatorium‹ erst Ende des 12. Jahrhunderts erschien. Diesen Ort präzise in Raum
und Zeit einzuteilen, war für die mittelalterlichen Gelehrten nicht möglich
und blieb für die Zeitgenossen ein großes Rätsel der Wissenschaft.[339] Erst die
Visio Purgatorium Sancti Patricii (1190), in der »das Fegefeuer zum ersten
Mal ausdrücklich genannt«[340] wird, führte zu präziseren Vorstellungen davon. Später galt die *Bibel* als Quelle für das Fegefeuer, in der die Auffassung

---

[335] Vgl. Rolf. D. Fay: Sankt Brandan, S. 6 f.

[336] Ebd., S. 6, Z. 3-8, S. 7, Z. 1-13.

[337] Vgl. ebd.

[338] Jacques Le Goff: Phantasien und Realität des Mittelalters, S. 147.

[339] Vgl. ebd., S. 147 f.

[340] Ebd., S. 148.

eines Weltgerichts vorherrschte. Es sind die Evangelien von *Mättheus* und *Johannes*, die die unterschiedlichen Auffassungen vom Fegefeuer als Partikular- und Individualgericht vermitteln.[341] Der *Erste Korintherbrief* erklärt die Läuterungsphasen der menschlichen Seele im Fegefeuer, die ihrem Grund nach auf der menschlichen Sünde und der Leugnung von Jesus Christus beruhen.[342]

> Wenn aber jemand auf den Grund baut Gold, Silber, Edelsteine, Holz, Heu, Stroh, so wird das Werk eines jeden offenbar werden. Der Tag des Gerichts wird's klarmachen; denn mit Feuer wird er sich offenbaren. Und von welcher Art eines jeden Werk ist, wird das Feuer erweisen. Wird jemandes Werk bleiben, das er darauf gebaut hat, so wird er Lohn empfangen. Wird aber jemandes Werk verbrennen, so wird er Schaden leiden; er selbst aber wird gerettet werden, doch so wie durchs Feuer hindurch. Wisst ihr nicht, dass ihr Gottes Tempel seid und der Geist Gottes in euch wohnt? Wenn jemand den Tempel Gottes verdirbt, den wird Gott verderben, denn der Tempel Gottes ist heilig; der seid ihr.[343]

Als Gegentopos zur endzeitlichen Vorstellung der Hölle gelangen die Protagonisten der Jenseitsreise gegen Ende der Erzählung in das himmlische Paradies. Der Himmel als Heilsraum ist ein Ort der Schönheit und Fruchtbarkeit, der sich ebenso wie die Hölle im Jenseits befindet. Er befindet sich in einer anderen Jenseitsregion, die von einem fruchtbaren hügligen Tal und einer unüberwindbaren Mauer umgeben ist.[344] Diesem Jenseitsort liegt ebenso eine »ungeordnet[e] Konfiguration mehrerer Orte«[345] zugrunde, die vom Visionär durchwandert werden müssen, um das neue Bewusstsein für die Gnade Gottes zu erreichen. Die Mauern sind mit Edelsteinen, Gold und Silber verziert, sodass die Kostbarkeit und Edelhaftigkeit des himmli-

---

[341] Vgl. Peter Jezler: Jenseitsmodelle und Jenseitsvorsorge – Eine Einführung, in: Himmel, Hölle, Fegefeuer. Das Jenseits im Mittelalter, hrsg. v. der Gesellschaft für das Schweizerische Landesmuseum, 2., durchgesehene Auflage, Zürich 1994 (Eine Veröffentlichung des Schweizerischen Landesmuseums), S. 13–26, hier S. 15 f.

[342] Vgl. 1. Korinther, Kap. 3, Abs. 12–17, in: Bibel. Neues Testament mit Psalmen Sprüchen, revidierte Fassung v. 1984, hrsg. v. der Evangelischen Kirche in Deutschland, Stuttgart 1999 (Text der Lutherbibel), S. 350 f.

[343] Ebd.

[344] Vgl. Jacques Le Goff: Phantasie und Realität des Mittelalters, S. 130.

[345] Ebd.

schen Paradieses schon rein äußerlich identifiziert ist.[346] Es ist ein besonders schöner Jenseitsort, der kein Äquivalent im Diesseits besitzt und an dem der Visionär gern bleiben möchte. Das helle Licht, der herrliche Duft in der Luft, die friedvolle Gegend und der Brunnen des ewigen Lebens sind die Gründe, weshalb der Reisende diesen Jenseitsort nicht mehr verlassen möchte, denn sie verleihen ihm ein wohltuendes Gefühl, das ihn seine bisherigen Leiden vergessen lässt.[347]

> D[o] gingent wir lang vnd koment an ein port die tet sich selber gegen vns vf/ da wir hin in kommend/ do sach ich gar ein wunniclich velt/ das was vol blumen vnd vol guttes geschmackes/ [...] do warent in mit freiden also vil selen/ dz sie niemant kond gezeln/ bed von frauwen vnd mannen Dar in wart es nimer nacht/ die sun ging nimer zu rug/ do was ein brun des lebendigen wassers/ do vergasse ich alle meines leides wan ich was in vnmeßlicher freiden Vnd sprach mit grosser freid vnd innickeit dise wort/ Der nam vnsers lieben hern ihesu cristi sy gelobet von diser stunden ymer vnd ewiglich wan er mich hat erlost von dem ewigen tod vnd hat mich gekeret in das freidenreich lant siner heiligen Nun erken ich aller erst das die wort der heiligen geschrift ware sint/ die do sprechent alle die freid die got bereit hat denen die in vff erden lieb hant die kan kein aug vollen schauwen oder ore vol herren oder kein hertz voldencken/ Do sprach ich zu dem engel/ Sag mir lieber her/ was selen wonent hie in vnd wie ist diser brun ganant Do sprach der engel hie wonent gut lut/ wie wol sy sint von aller pin erlost Sie sint aber nit wirdig der freiden diß brunnes den du sihest/ diser brun heisset das lebendig wasser der des einest geschmacket oder versucht den torst nimerme/[348]

Die mittelalterliche Spiritualität begann spätestens mit der kulturellen Renaissance in der karolingischen Zeit (742–814 n. Chr.), die durch eine religiöse Ikonografie geprägt war. Innerhalb dieser kulturellen Entwicklungen kam es zu populären Stereotypen, die den Himmel als Stadt repräsentierten.[349] Frühe Darstellungen beschreiben das irdische Paradies als Reise in eine andere Welt, die dem neuen Jerusalem und dem Garten Eden aus dem

---

[346] Vgl. ebd.

[347] Vgl. Nigel F. Palmer: Tondolus der Ritter, S. 76–81.

[348] Ebd., S. 76, Z. 938–962.

[349] Vgl. Alister E. McGrath: A Brief History of Heaven, Malden 2003 (Blackwell Brief Histories of Religion), S. 17. Übersetzung aus dem Englischen.

Alten Testament gleicht, weil hier Reichtum und Fruchtbarkeit herrschen.[350] In der *Apokalypse des Paulus*, einer urchristlichen apokryphen Schrift, beschreibt Paulus den Himmel als Garten, der die Stadt umgibt. Zudem sind die vier Paradiesflüsse in Form von Milch, Honig, Öl und Wein wichtige Bestandteile des irdischen Lebens im Paradies.[351] Der Himmel ist in drei Sphären unterteilt, einer davon ist der »Ort der Gerechten«[352], an den die abgeschiedenen Seelen geführt werden.

> Und der Engel antwortete und sagte zu mir: Folge mir, und ich will dich in die Stadt Christi führen. Und er stand am Acherusischen See und setzte mich in ein goldenes Schiff, und ungefähr dreitausend Engel sagten einen Hymnus vor mir, bis ich zur Stadt Christi gelangte. Die aber die Stadt Christi bewohnten, freuten sich sehr über mich, wie ich zu ihnen ging, und ich trat ein und sah die Stadt Christi[...]. [U]nd sie war ganz golden, und zwölf Mauern umgaben sie, und zwölf Türme darin [...]. Und zwölf Tore von großer Schönheit waren im Umkreis der Stadt, und vier Flüsse umgaben sie. Es waren aber ein Fluß von Honig und ein Fluß von Milch und ein Fluß von Wein und ein Fluß von Öl. Und ich sagte zu dem Engel: Was sind das für Flüsse, welche diese Stadt umgeben? Und er sagte mir: Dies sind die vier Flüsse, welche[...] reichlich fließen für die, welche in diesem Lande der Verheißung sind, deren Namen sind: der Fluß von Honig wird genannt Pison und der Fluß von Milch Euphrat und der Fluß von Öl Gihon und der Fluß von Wein Tigris[...].[353]

In der späteren Visionsliteratur, die in der Tradition keltischer Erzählungen stand, entwickelte sich ein deutliches Interesse am paradiesischen Aspekt des Himmels. Die Empathie, Schönheit und Majestät der Natur hatten Auswirkungen auf die Konzeption des Himmels. Der Aufstieg des italienischen Stadtstaates brachte ein neues Interesse an der urbanen Architektur, die zu einem Bild des Paradieses führte, das die himmlische Stadt über den paradie-

---

[350] Vgl. ebd., S. 18.

[351] Vgl. Wilhelm Schneemelcher: Apokalypse des Paulus. Neutestamentliche Apokryphen in deutscher Übersetzung, 6. Auflage, Tübingen 1997 (Apostolisches, Apokalypsen und Verwandtes 2), S. 644-675, hier S. 650.

[352] Ebd.

[353] Ebd., S. 658 f. Rechtschreibung im Original.

sischen Garten priorisierte.[354] In der *Vision des Tondolus* werden beide Paradiesvorstellungen durchwandert. Einerseits die Stadt in einem Zentrum des irdischen Gartens, andererseits das himmlische Jerusalem, das aus Juwelen, vergoldeten Kirchen, Zitadellen und Festungen besteht. Die luxuriösen Gebäude befinden sich in der Mitte eines hügeligen und opulenten Grünlandes. Der Garten ist hierbei nur noch Kontext für die Stadt, weniger ein dominantes Bild.[355] Eine signifikante Bedeutung hatte das neue Jerusalem für die christliche Geistlichkeit, die in den religiösen Anordnungen des Mittelalters besonders gründlich erkundet wurde. Dabei besaß die christliche Kultur des westlichen Mitteleuropas eine spezielle, dazugehörende Bedeutung zu den monastischen Befehlen der Adelsgesellschaft.[356] Das monastische Verständnis war die Basis des monastischen Lebens und beruhte auf der Grundlage des Glaubens und des Lebensstils der primitiven christlichen Authentizität, die einen Aufschwung in den biblischen Weg des Lebens markierte, weil sie in einer zunehmenden korrupten und instabilen Kultur angesiedelt war. Der Glaube an den Himmel konnte einfach visualisiert werden, indem die Welt als sündhafte Sphäre erschien. Viele Meinungen begünstigten die Entstehung der Kultur des Desinteresses und der Verachtung gegenüber der Welt. Positive Strategien fokussierten sich auf die Hoffnung nach dem Himmel und ließen sich einfach durch den Eintritt in das irdische Jerusalem visualisieren.[357] Engel führten zum Paradies, Märtyrer hießen sie bei ihrer Ankunft willkommen, und gemeinsam zeigten sie die Heilige Stadt Jerusalem. Dieses liturgische Motiv wurde in der monastischen und frommen Literatur aufgenommen und weiterentwickelt, indem das Vorübergehen von Leid zu Freude auf Erden kontrastiert wurde.[358] In den kirchlichen Liturgien feierten die Frommen anhand von Visionen den Reichtum des neuen Jerusalems. Der Aufstieg des mittelalterlichen Stadtstaates in Italien führte dazu, Städte wie Florenz und Rom als Modelle für das himmlische Pendant und den Archetyp

---

[354] Vgl. Alister E. McGrath: A Brief History of Heaven, S. 18 f. Übersetzung aus dem Englischen.

[355] Vgl. Nigel F. Palmer: Tondolus der Ritter, S. 75–85.

[356] Vgl. Alister E. McGrath: A Brief History of Heaven, S. 19. Übersetzung aus dem Englischen.

[357] Vgl. ebd., S. 20.

[358] Vgl. ebd., S. 21.

zu modifizieren.[359] Es war aber auch das Verständnis des humanen Lebens als Wallfahrt von der Geburt bis zum Tod, das auf den drei Boten – Alter, Krankheit und Tod – beruhte. Sie sind die Vorläufer des finalen göttlichen Gerichts, das die Individuen dazu zwang, ihren spirituellen Status zu beurteilen und geeignete Korrekturen vorzunehmen. Die Visionen vom neuen Jerusalem waren ein Ansporn für personelle Reue und Erneuerung. Dabei gab es einen Unterschied zwischen denjenigen, die den Himmel sehen konnten, und denjenigen, die gewählt waren, den Himmel zu betreten. Diese Visionen eines Eintritts in die himmlischen Sphären boten einen Vorgeschmack auf die Freuden des Himmels.[360]

Nicht nur die kirchliche Liturgie und der Aufstieg der mittelalterlichen Stadtstaaten prägten die Vorstellung des irdischen Paradieses, sondern vor allem die mittelalterliche Kartografie, die bestätigte, dass das Paradies auf Erden liegen müsse, weil es »drei topographische Aussagen«[361] darüber gab. Das irdische Paradies lag im Osten auf einem hohen Berg, der von einem Wall aus Gebirge oder Feuer umzogen war.[362] Anders als bei den verbürgten Reiseberichten von Alexander dem Großen oder St. Brandan waren die »lagemäßigen Bestimmung[en] des Raumes«[363] bei den Visionsschilderungen nicht deutlich genug, sodass der Garten Eden in einem geografischen Dunstkreis verschollen blieb. Das irdische Paradies kann St. Brandan während seiner Meerfahrt betreten, nachdem er mit seinen Glaubensbrüdern fünfzehn Tage mit großen Sorgen vor einer finsteren Insel ausgeharrt hatte.[364]

> [D]o komen sie an einen pach mit roer, do begunden sie hinein komen in den sch[ô]nsten sal, den ie kain mensch gesach. des wend die warent gülden vnnd warent die seül von Carfunckelstain vnd was das dach pfledere vnd was alle zeit liecht vnnd haiter. darinn schin das gold vnd der Carfůnckel als die sunn. vnnd vor dem sal do entsprang ain prunn, der hette vier flüß. in dem ain fluß wein,

---

[359] Vgl. ebd., S. 22 f.

[360] Vgl. ebd., S. 24 f.

[361] Peter Dinzelbacher: Vision und Visionsliteratur im Mittelalter, Stuttgart 1981 (Monographien zur Geschichte des Mittelalters 23), S. 106.

[362] Vgl. ebd.

[363] Ebd.

[364] Vgl. Rolf D. Fay: Sankt Brandan, S. 15–19.

in dem andern milch, in dem dritten [ô]l vnnd in dem vierden h[ô]nig, vnnd sie hetten groß freud von dem gesicht. von dem prunnen haben alle wůrzen und kreůterr ir krafft gewunnen. auch warent inn dem sal fünffhundert gestůl, die waren alle gar herlich geclaidt mit pfeller vnd mit seyden, vnnd was sünst aller handt in dem sal, das ain mensch erdencken mochte. Nun was vnder in ein münich, der stal aynen gar k[ô]stlichen pferds zaum, vnd was das geschehen von rechter vnsyn, die er gewan von der wunne, die in dem sal was, das er nit west, was er thet. der ward im wol zů saur, als man hernach wirt h[ô]ren. darnach giengen sie fürbaß, da sahen sie aber ein minicliche bürg, die was vil sch[ô]ner dan der sal, da sie vor inn warent gewesen. Die Burck leücht alß schon vnnd als liechtt, das sie aynem ganzem lannd lichtz genug gegebenn hett von gold vnd von edelm gestain. in die stat kom nye kain regen noch schnee noch vnnge- [...] witter, wan es ist alzeit wunniclich vnd schon.[365]

Im Laufe der Zeit trat das Gartenelement in der Vorstellung des himmlischen Paradieses zurück, was eine abstraktere Vorstellung begünstigte, wie die einer Stadt oder Burg.[366]

---

[365] Ebd., S. 16, Z. 13-23, S. 17, Z. 1-19.

[366] Vgl. Christa Oechslin: Der Himmel des Seligen, in: Himmel, Hölle, Fegefeuer. Das Jenseits im Mittelalter, hrsg. v. der Gesellschaft für das Schweizerische Landesmuseum, 2., durchgesehene Auflage, Zürich 1994 (Eine Veröffentlichung des Schweizerischen Landesmuseums), S. 41–46, hier S. 41.

3 DIE JENSEITSREISE ALS GRENZ- UND HEILSER- FAHRUNG

In der mittelalterlichen Visionsliteratur ist es die Jenseitsreise, die den Jenseitsgedanken traditioneller altertümlicher Kulturen mit der Möglichkeit einer Transformation in die gegenwärtige Kultur darstellt. Dabei unterliegt dem Narrativ von Jenseitsgedanken eine Komplexität, die in der wechselseitigen Beeinflussung zwischen den christlich-keltischen und heidnisch-altertümlichen Vorstellungen liegt, weil sie überlieferte Motivinventare imaginieren.[367] Andreas Hammer ist der Ansicht, dass die Jenseitsreise das »Medium der Erzählung«[368] ist, in dem sich »eine Transformation von der Labilität zur Stabilität«[369] vollzieht, die eine Ordnung stiftet, ohne dabei eine transparente Genese zu sein. Der Mythos dient hierbei lediglich als Denkform, die das Phänomen weniger inhaltlich beschreibbar macht als vielmehr strukturell vermittelt.[370] Demzufolge werden kognitiv-philosophische Erwägungen mit einer »konkreten religiös-kulturellen Praxis«[371] vereint, die zu Wahrnehmungsmustern führen, hinter der eine Ordnung der Dinge vermittelt werden kann wie die Ambivalenz von Grenz- und Heilsräumen. Es ist grundsätzlich falsch, die Anderswelt in *St. Brandans Meerfahrt* mit den Vorstellungen der keltischen Jenseitsgedanken in Verbindung zu bringen, weil es sich hierbei um eine Parallelwelt handelt, die neben der realen Welt existiert,

---

[367] Vgl. Andreas Hammer: St. Brandan und das *ander paradîse*, in: Imagination und Deixis. Studien zur Wahrnehmung im Mittelalter, hrsg. v. Kathryn Starkey und Horst Wenzel, Stuttgart 2007, S. 153–176, hier S. 153.

[368] Ebd., S. 154 f.

[369] Ebd., S. 155.

[370] Vgl. ebd.

[371] Ebd., S. 160.

dennoch können Interferenzen nicht völlig ausgeschlossen werden.[372] Dies im Gegensatz zur *Vision des Tondolus*, dessen Grenzerfahrung aufgrund der räumlichen Sphären deutlich markiert ist.[373] Beide Jenseitserzählungen basieren auf »Verfahren der Selbst-Beglaubigung«[374], schöpfen aus hybriden »Erzähl- und Wissenstraditionen«[375] und erzeugen in ihrer »Rekontextualisierun[g] Momente der Verrätselung«[376]. Sie erwecken den »Eindruck mysteriöser Fremdheit«[377] und ermöglichen aufgrund der »Dramatisierun[g] von Alterität«[378] religiöse Erfahrungen.

Julia Weitbrecht sieht in der Jenseitsreise eine »metaphorische Überlagerung von Reise und Existenz«[379], die ein Muster »für Wandel und Identitätsbildung«[380] veranschaulicht, was in Form von »räumliche[r] Bewegung und [...] Begegnung mit dem Fremden [...] transportiert«[381] wird. Die Reiseerfahrung im Jenseits ist mit »der Hinwendung zu Gott«[382] und einer damit in Zusammenhang stehenden Heilsbringung gekennzeichnet. Dabei sind die jenseitigen Regionen entscheidend für die »Erfahrung und Umkehr zu Gott«[383]. Es besteht demnach ein systematischer Zusammenhang »von Fremderfahrung und Heiligung«[384], weil das Andere »als *different* erfahren wird«[385]. Die Erfahrung von Fremdheit und Andersartigkeit nimmt in der Reiseliteratur einen hohen Stellenwert ein, weil sie »immer mit dem Eigenen

---

[372]   Vgl. ebd., S. 165.

[373]   Vgl. Julia Weitbrecht: Aus der Welt, S. 142 f.

[374]   Falk Quenstedt: Mirabile Texturen. Erzählen und religiöse Erfahrung im *Brandan* und in Christian Krachts *Die Toten*, in: Akten des JGG-Kulturseminars 1 (2020), S. 159–181, hier S. 161.

[375]   Ebd.

[376]   Ebd.

[377]   Ebd.

[378]   Ebd.

[379]   Julia Weitbrecht: Aus der Welt, S. 15.

[380]   Ebd.

[381]   Ebd.

[382]   Ebd.

[383]   Ebd.

[384]   Ebd.

[385]   Ebd. Kursivschrift im Original.

in Verbindung«[386] steht. Sie tritt als paradoxe Konstitution auf und steht eng in Form mit einem sich »In-Beziehung-Setze[n]«[387] mit dem Fremdartigen. Die jenseitige Raumanordnung sowie die Erfahrung von Entfremdung und Restitution in »Form von Rückkehr«[388] sind konstitutiv für die Gattung. Die Rückkehr in eine christliche Gemeinschaft, in der eine »immanente räumliche und soziale Ordnun[g]«[389] herrscht, bringt den Reisenden einen neuartigen Heilsstatus, der als kulturelle Integration wahrgenommen werden kann.

3.1 Vision vs. Erscheinung – Tondolus der Ekstatiker vs. St. Brandan der Charismatiker

Nach Peter Dinzelbacher ist die Vision ein »psycho-somatisches Phäno-men«[390], das sich durch alle »Kulturen und Epochen«[391] zieht und zur »Gattung des Erlebnisberichtes«[392] gehört. Der Visionär erfährt meist infolge einer Entrückung eine visuelle Erfahrung und darauffolgend eine Offenbarung in der anderen Welt.[393] Der Raum und dessen visuelle Erfass-barkeit gehören zu den wichtigsten Unterscheidungsmerkmalen innerhalb der Gattung, denn sie »gehör[en] zur Natur der Vision«[394]. Ekstatische Erfahrungen können auch ohne Bilder in Erscheinung treten – wie bei der mystischen Gottesvereinigung. Andere Phänomene können ohne Ekstase

---

[386] Ebd.

[387] Marina Münkler: Alterität und Interkulturalität, in: Germanistik als Kulturwissenschaft. Eine Einführung in neue Theoriekonzepte, hrsg. v. Claudia Benthien und Hans Rudolf Velten, Hamburg 2002 (Rowohlts Enzyklopädie), S. 323–344, hier S. 325.

[388] Julia Weitbrecht: Aus der Welt, S. 16.

[389] Ebd., S. 17.

[390] Peter Dinzelbacher: Jenseitsvision – Jenseitsreise, S. 63.

[391] Ebd.

[392] Ebd.

[393] Vgl. ebd.

[394] Ebd.

in einem natürlichen Raum stattfinden, dann werden sie als Erscheinungen wahrgenommen.[395]

Bereits im Mittelalter gab es Versuche, Phänomene, wie die Vision oder Erscheinung, zu erklären. Die häufigsten Erklärungsmuster befassten sich keineswegs mit der Annahme des Wunderbaren und der frommen Erwartung nach einer Gottesoffenbarung, sondern suchten die Ursache in medizinisch vertretbaren Interpretationshaltungen, die das visionäre Erlebnis als pathologisches Symptom diagnostizierten.[396] Zwar rechnete die mittelalterliche Gesellschaft »mit dem Wirken von Dämonen«[397], nahm die Vision allerdings häufiger als Krankheitsbild wahr, das mit den psychischen Erkrankungen »Melancholie, Manie [und] Phrenesie«[398] erklärt werden konnte. Im ausgehenden Mittelalter und der frühen Renaissance kam es vermehrt zu skeptischen Kommentaren gegenüber der Behauptung, dass Seelenwanderungen durch das Jenseits in ekstatischem Zustand möglich seien.[399] Das als lächerlich abgetane Phänomen wurde zunehmend als krankhaft deklariert und damit begründet, dass »Dämpfe ins Gehirn«[400] hochgestiegen sein könnten, die »Höllen- und Dämonenvisionen«[401] oder »Himmels- und Engelsvisionen«[402] hervorgerufen hätten. Weitere Ursachen für paranormale Zustände konnten Geisteskrankheit, Geschwüre oder Gehirnhautentzündungen sein.[403]

---

[395] Vgl. ebd.

[396] Vgl. Peter Dinzelbacher: Vision und Magie, S. 44 f.

[397] Ebd., S. 45.

[398] Ebd., S. 45 f.; ›Erscheinungen‹ wurden häufig »als Symptom[e] der Melancholie« angesehen. ›Visionen‹ hingegen konnten aufgrund religiöser Verzückung als Epilepsie oder Geisteskrankheit interpretiert werden, vor allem dann, wenn die Visionäre »unter dämonischen Angriffen litt[en]«. ›Entrückungen‹ wurden unterschiedlich bewertet: Einerseits waren sie auf eine »übertriebene Askese zurückzuführ[en]«, die mit einer späteren Heiligsprechung einhergehen konnte und mit der »Manifestation der Gnade Gottes« verbunden war. Andererseits gab es Bemerkungen »über Gläubige mit paranormalen Begabung[en]«, die »Ekstatikerin[nen] geradewegs als Irre bezeichneten«.

[399] Vgl. ebd., S. 46.

[400] Ebd., S. 47.

[401] Ebd.

[402] Ebd.

[403] Vgl. ebd.

In der heutigen Forschung wird das pathologische Problem der Halluzination häufig als Erklärungsmodell für die Vision angeführt. Peter Dinzelbacher sieht bei den mittelalterlichen Visionären keinen Zusammenhang von Vision und Epilepsie, vielmehr handelt es sich um Trugwahrnehmungen.[404] Psychische Erkrankungen, wie »Delirium, [...] Schizophrenie, Paranoia und Neurosen«[405], waren im Mittelalter ebenso eine anthropologische Konstante wie in der Gegenwart, nur mit dem Unterschied, dass sie früher »in sakralisierter Form [...] primär als religiöse Manifestationen«[406] wahrgenommen wurden. Dennoch ist davon auszugehen, dass Visionen nicht nur auf pathologische Erkrankungen zurückzuführen sind, solange sie kein destruktives Verhalten beim Seher verursachen und seinen Gesundheitszustand nicht gefährden.[407] Gerade die pathologisch harmlosen Visionen aus dem Mittelalter, die nicht aufgrund von psychedelischem Drogenmissbrauch oder manisch-depressiven Zuständen hervorgerufen wurden, zeichneten sich dadurch aus, dass sie durchweg vom Seher »als positiv empfunden«[408] und somit »als Vermittlung von Heilung«[409] wahrgenommen wurden. Die echten Visionen im Mittelalter basierten auf religiösen und asketischen Hintergründen und sind deshalb aus heutiger Perspektive aufgrund eines ›medieval minds‹[410] nicht mehr eindeutig wiederherstellbar.

Peter Dinzelbacher differenziert die Vision von der Erscheinung, indem er sie als ein übernatürliches Erlebnis ansieht, bei dem ein Mensch »auf außernatürliche Weise [...] in einen anderen Raum«[411] entrückt wird, dessen Sinnesempfindungen jedoch »wie in einem realen Raum funktionieren«[412].

---

[404] Vgl. ebd., S. 58; ›Trugwahrnehmungen‹ sind »vom Subjekt als real empfundene Wahrnehmung[en] [anzusehen], die aber intersubjektiv nicht verifizierbar sind«. Dazu gehören neben »Visionen, Erscheinungen [und] Auditionen auch [...] Tr[ä]um[e]«.

[405] Ebd., S. 59.

[406] Ebd.

[407] Vgl. ebd., S. 61.

[408] Ebd.

[409] Ebd.

[410] Ebd., S. 82.

[411] Peter Dinzelbacher: Vision und Visionsliteratur im Mittelalter, Stuttgart 2017, S. 67.

[412] Ebd.

Somit sind die Elemente, die den Begriff »Vision« konstituieren, die Eindrücke des *Raumwechsels*, des Waltens einer *übermenschlichen Macht*, der bildhaften *Beschreibbarkeit* und der *Offenbarung,* Eindrücke, die während einer *Ekstase* oder eines *Traumes* empfangen werden.[413]

Die Erscheinung hingegen widerfährt dem Betroffenen, ohne dass er aus seiner natürlichen Umgebung entrückt wird. Sie findet also im Tagbewusstsein und nicht in Ekstase oder im Traum statt.[414] Sie verändert »lediglich einen Teil des Wahrnehmungsfeldes«[415], bleibt also »am selben Ort«[416], aber »halluziniert die Präsenz weiterer Wesen oder Dinge«[417]. Üblicherweise tritt das Phänomen beim Charismatiker auf und bezieht sich auf dessen existenziellen Lebensraum.[418]

Die für Erscheinungen charakteristischen Merkmale sind demnach: *Einbruch* eines *Außerweltlichen, Bewahrung* von *Tagesbewußtsein* und *Umraum,* bildhafte *Beschreibbarkeit* und, meist, Offenbarungen, Warnungen oder Befehle beziehungsweise Bitten als Inhalt der Kommunikation mit dem Erscheinenden.[419]

Vielen Charismatikern erscheint in der Illusion ihr Lieblingsheiliger, mit dem sie während der Erscheinung sprechen und in Kontakt treten können. Zumeist handelt es sich um Heiligenbilder oder Statuen, die während der Erscheinung zu einem agierenden Erlebnis werden. Erscheinungen treten häufig in Legenden oder Viten auf und handeln von der Passion Christi. In der Regel erscheinen sie ohne das Auftreten einer Vision, bilden also einen eigenen Zweig im Kanon der Gattung.[420] Der Charismatiker erfährt »weder eine psychische noch eine räumliche Veränderung«[421], weil die Erscheinung

---

[413] Ebd., S. 68. Hervorhebung und Kursivschrift im Original.

[414] Vgl. ebd., S. 73.

[415] Ebd., S. 74.

[416] Ebd.

[417] Ebd.

[418] Vgl. ebd.

[419] Ebd. Rechtschreibung und Kursivschrift im Original.

[420] Vgl. ebd., S. 74 f.

[421] Ebd., S. 77.

sich ihm nähert, sich aber wieder von ihm entfernt. Deshalb kann die Erscheinung von ihrem Wesen her als Traumvision angesehen werden, weil es
im Traum, ebenso wie im Tagbewusstsein, keine Möglichkeit gibt, der Erscheinung zu folgen.[422] St. Brandan erscheint ein Engel, der ihm den Befehl
erteilt, zu einer Meerfahrt aufzubrechen, um all die Wunder, die er nicht
glauben kann, selbst zu sehen.[423]

> [V]nd die weil er bei dem feuer stund, do kam ein Engel von himel vnd sprach:
> »Prandon, war umb hast dw die warhait verprent? waist dw nit, das got grosser
> ding gethon m[ô]cht, den dw in dem puch gelesen hast? vnnd ich gepeüt dir das
> bey dem lebendigen got, das dw dich weraitest, wan du muest alle die wunder
> sehen, die dw in dem puch gelesen vnd verprent hast, vnd dw müst newn ganze
> iar faren auf dem mer, das dw wekennest, das dw die warhait verprent hast!« Der
> red erschrack sand Brando gar seer, wen er forcht den zorn gottes, doch muest er
> got gehorsam sein. der engel füer auff gen himel.[424]

Erscheinungen werden von den Charismatikern häufig als »himmlische
Wesen, Dämonen und Verstorbene, gelegentlich auch Tiere und Gegenstän-
de«[425] wahrgenommen. Alttestamentarische Figuren, wie Henoch, Elias
und Judas, treten St. Brandan während seiner Meerfahrt in Gestalt von toten
Seelen entgegen. Ihre Erscheinung dient als Repräsentationsmedium für den
Glauben an Gott, das irdische Paradies und das Jüngste Gericht. Sie schlie-
ßen beim Charismatiker eine Erkenntnislücke, indem sie ihm das Jenseits als
imaginären Ort der Freude und des Leids offenbaren.[426]

> [V]or dem ainen burk thor Saß ein Grawer herr, ain Alter mit ainem langenn
> grawen part, der hieß Enoch; vnnd vor dem andermm Burckthor Saß auch ein
> Alter Grawer Herre mit ainem Grawen part, der hieß Elias. Aber vor dem Drit-
> ten Burckthor, do stund gar ein hüpscher, schoner Jungling, der hett ain rotten
> Cappen an vnd het ain Feürin schwert Jn seiner hanndt; Vnd der selb Jüngling

---

[422] Vgl. ebd.
[423] Vgl. Rolf D. Fay: Sankt Brandan, S. 1–4.
[424] Ebd., S. 1, Z. 21–23, S. 2, Z. 1–11.
[425] Peter Dinzelbacher: Vision und Visionsliteratur im Mittelalter, Stuttgart 2017, S. 75.
[426] Vgl. Rolf D. Fay: Sankt Brandan, S. 13–19.

Sprang vnter sandt Brandons Münich Vnd zuckt ainen zu der Borten hinein vnd weschl[ô]ß das th[ô]r. Do das sand Brandon sach vnd dy andern, Da erschracken sy gar seer vnd giengent bald von dannen vnd hetten vil laides vmb iren gesellen, der Jn genomen was. Nun warennt dy maur an der purck so hoch, das sye dy zinnen kaum gesehen m[ô]chten, vnd warennt auch so Clar, Das es nimant vol-sagenn kan. Da verstund Sand Brandon wol, das es ein Paradeiß was.[427]

Tondolus' Vision hingegen hebt sich von der Wahrnehmung einer Erschei-nung in Form eines übernatürlichen Aktes der Ekstase ab. Die Vision kann ebenso als Trugwahrnehmung angesehen werden, allerdings tritt hierbei die Erscheinung in den Hintergrund, während die emotionale Beteiligung und das eigene Erlebnis beim Ekstatiker im Fokus stehen.[428]

Der kam der selen zu trost vnd hilf in iren grossen noten nach seinem gotlichen willen/ Vnd sant ir zu hilff einen engel den sach sie ver dorther scheinen alß ein stern do sie dz gewar wart sach sie in inbrunstlich mit grossen begirden an vnd kert al ir hofnung zu im vnd begert hilf in iren grossen iemerlichen noten Do der engel zu meiner selen kam/ do nant er mich mit meinem namen vnd sprach/ gegrussest siestu Tundale Von grosser freiden vnd von engstlicher forchte sprach ich zu im mit weinenden augen/[429]

Das ekstatische Erlebnis gründet in *Tondolus' Vision* nicht auf der »Zube-reitung und [der] Einnahme [von] Droge[n]«[430], wie es Christa Agnes Tuc-zay als typisch für die Rituale und mythischen Erfahrungen von Schama-nen ansieht, sondern kennzeichnet vielmehr einen wechselhaften Übergang »von der Alltagswelt in die spirituelle Welt«[431]. In europäischen Kulturen ist es u. a. der Wein, der als Rauschmittel für ekstatische Erfahrungen in-

---

[427] Ebd., S. 17, Z. 20–22, S. 18, Z. 1–16.

[428] Vgl. Nigel F. Palmer: Tondolus der Ritter, S. 48 f.

[429] Ebd., S. 49, Z. 104–107, S. 50, Z. 109-113.

[430] Christa Agnes Tuczay: Ekstase, Mystik, Drogen, in: Mystik und Natur. Zur Geschichte ihres Verhältnisses vom Altertum bis zur Gegenwart, hrsg. v. Peter Dinzelbacher, Berlin 2009 (Theophrastus Paracelsus Studien 1), S. 175–198, hier S. 176.

[431] Ebd., S. 175.

frage kommt.[432] In der jüdischen Kultur hingegen bestand eine Ablehnung gegenüber Drogen und Rauschmitteln, sodass die Ekstase als »akzeptiertes Medium der prophetischen Wahrsagerei«[433] galt. In der platonischen Schule Griechenlands strebten apollinische Gelehrte nach ekstatischen Erfahrungen in einem rechten Maß, die ohne Rauschmittel als »Weg der Wahrheitsfindung«[434] dienten. Das Mittelalter steht in der Tradition unterschiedlicher Kulturen, die »keine homogene Einstellung zur Ekstase«[435] aufweisen. Transzendenzerfahrungen konnten zu dieser Zeit vor allem im Kontext »der zwei Reiche-Lehre«[436] auftauchen und »als Wahrnehmungs- und Erkenntnismittel«[437] dienen. Die Ekstase als Erkenntnismethode steht demnach »der theologischen Konzeption einer universalen Heilsordnung«[438] rational entgegen und orientiert sich an der »Beobachtung der real-physischen Welt«[439]. Gleichzeitig kam der Ekstase im höfischen Kontext eine negativ konnotierte Funktion zu, weil sie als »Widerspruch [...] der Affektkontrolle«[440] und »Häufung [von] Gefühlsüberschwängen«[441] zu Kontrollverlust führte, was dem höfischen Ideal missfiel. Tondolus erlebt seine ekstatische Vision aufgrund einer göttlichen Entrückung, d. h. eines körperlichen Zusammenbruchs, wodurch sein lebloser Körper drei Tage lang im starren Zustand auf dem Boden liegen bleibt, während seine Seele aus seinem Körper schwindet.[442]

---

[432] Vgl. ebd., S. 177.

[433] Ebd.; aber Anm. 5 u. 6; Rauschmittel wie »Kassitis oder Lorbeerblätter« *(vgl. Wilhelm Keilbach: Techniken religiöser Ekstase, in: Religion und die Droge. Ein Symposion über religiöse Erfahrungen unter Einfluss von Halluzinogenen, hrsg. v. Manfred Josuttis und Hanscarl Leuner, Mainz 1972, S. 9–21)* oder Fliegenpilze *(vgl. Gustav Schenk: Das Buch der Gifte, Berlin 1954, S. 35)* konnten ebenso zu einer »Veränderung von Raum- und Zeitvorstellungen, Wahrnehmung, Sprache und Denken« führen.

[434] Ebd., S. 178.

[435] Ebd., S. 179.

[436] Ebd.

[437] Ebd.

[438] Ebd.

[439] Ebd.

[440] Ebd.

[441] Ebd.

[442] Vgl. Nigel F. Palmer: Tondolus der Ritter, S. 47 f.

Also saß tundalus nider vnd legt von jm sine woffen die er by jm trug vnd fieng
an mit seinem schuldner zeessen. Vnd so er also sitzet ward er schnelliglich ge-
troffen mit dem gotz gewalt (der jm sein suntlich leben dz er furt nit lenger wolt
vertragen) das er sein hant die er gestreckt het die speiß zenemmen nit mocht
widerumbe zu seinem mundt bringen/ sunder mit grusamlichen schrien sprach
er zu der frawen seines gesellen/ behut mein woffen wan ich muß sterben vnd
so bald viel er nider fur tod alß ob er nie kein leben gehebt het vnd erschinen an
jm al zeichen des todes/ wan sein sele wardt von jm verzuckt Do lieff das gantz
hußgesind vnd huben dz essen [...] vff Die ritter schruent/ der wirt wein*et* mit
den gesten Sein lichnam wart gehandelt hin vnd her in suchung der zeichen des
lebens/ die gelerten lieffen zu als volck verwundert sich vnd die gantz stat was
bekumert mit dem schnellen hinfallen des ritters Tundali/ vnd er lag also fur
tod von der zehenden stund des mitwuchen bis vff die selben stund des sams-
tages vnuergraben/ vrsach halber wan gar klein worme ward man entpfinden
an siener lincken sitten by der brust/ von denen die sin fließlichen war noment/
in der vor genanten stunde enpfing der lip den geist wider/ vnd mit gar einem
schwachen atem/ garnaw ein gantze stund fing er wider an den atem von im vnd
zu im nemen/ Do wart er gefraget ob er wolt dz heilig sacrament enpfahen/ vnd
er winckct man solte es im bringen[.][443]

Voraus geht der Ekstase meist eine Katalepsie, eine »Erstarrung des Leibes«[444], die mit dem Schwinden der Sinneswahrnehmungen einhergeht.
Dabei wird »der Visionär für tot oder scheintot gehalten«[445], weil sein Körper leblos erscheint. Diese Nahtoderfahrung ähnelt mittelalterlichen Sterbeberichten, bei denen es sich überwiegend um »Erscheinungen am Krankenbett«[446] handelt. Aus mittelalterlichen Predigtexempeln geht hervor, dass
Geister die Seele in der Stunde des Todes in die Unterwelt verschleppen,
was beim Volk eine Furcht vor der Hölle verstärkte. Der Zisterziensermönch
Christian von L'Aumone († 1146) berichtete, dass er zu Lebzeiten an seinem Krankenbett häufig von Dämonen heimgesucht worden war.[447] Sie

---

[443] Ebd., S. 47, Z. 30–35, S. 48, Z. 36–58. Kursivschrift im Original.

[444] Peter Dinzelbacher: An der Schwelle zum Jenseits. Sterbevisionen im kulturellen Vergleich, Freiburg i. Br. 1989 (Herder Taschenbuch 1584), S. 36.

[445] Ebd.

[446] Ebd., S. 39.

[447] Vgl. ebd., S. 20 f.

»bedräng[ten] und belästig[ten] «[448] ihn und gingen ihm über die Brust und seine Füße. Auch die Visionärin Maria von Oigniès († 1213) focht in ihrer Sterbestunde einen Kampf gegen Satan, der ihr nachstellte, sie quälte, bis sie zitterte und um Hilfe flehte.[449] Sie vertrieb den Dämon mit einem Kreuzzeichen und starb daraufhin friedvoll, weil Gott ihr bereits zuvor den für sie bestimmten »Wohnsitz im Himmel gezeigt hatte«[450]. Tondolus erleidet während seiner Ekstase ebenso, wie es mittelalterliche Mönche und Nonnen in Sterbeberichten erzählen, einen Kampf zwischen Gut und Böse um die eigene Seele.[451]

> Do min arm sel von minem lichnam fur do wurent ir zu erkennen geben all ir sund die sie ie gedet Do von kam sie an [...] so groß vnusprechlich pin das sy nit wist wz sy tun solte vnd forcht sich vnd wist nit wz sy beginnen solt sy wolt wider in den lib farn vnd sy enkond nit darin komen Sie enwolt auch nit gern von dem lib scheiden wan sy sich ser vorcht Solichen angst het mein sel vnd het kein hofnung me dan zu gottes barmhertzikeit Do wart ir zu erkennen geben dz sy sach zu ir kommen ein vnseglich schar grulicher tufel der was also vil das sy nit allein erfulten huß vnd hof sunder auch alle die gassen die in der stat warn/ Do die tufel mein arm sel vmbstondent/ do sprachent sy Nun singent wir dir armen selen einen gesang des ewigen todes wan sy ist ein speiß des hellischen fures Vnd ein frundin der vinsternis vnd ein veindin des ewigen lichtes vnd kertent sich zu ir vnd zantent sy an heßlich vnd von rechter tobikeit zerrissent sy ir backen mit den negeln irer hend Vnd sprachent Sig. du arme sel Hie sint die den du gedinet hast vnd mit den du wirst gan in die helle vmb diner grosser vbertreflichen sund willen Nun trib hochfart/ wo ist nun din ytel ere warumb entribstu nun nit vnkeischeit warumb erzeigestu nun nit die falschen blick diner augen vnd bedutung diner finger/ das man verstande (wan du sy vf hebest) was du wollest/ Als vor wo ist nun alle din sterck wo sint nun all din stoltz red/ wo sind nun din vnkusch gedenck/ ist nun alles hinweg Von disen worten erschrack min arme sel ser Do treiten ir die tufel vnd sprachent du arme sel du hast zu nieman hofnung wan du solt verzwifeln/ du must ewiglich sterben Aber der barmhertzig got der

[448] Vita c. 40, in: Analecta Bollandiana 61 (1953), hrsg. v. Jean Leclercq, S. 56, zitiert nach: ebd., S. 21.

[449] Vgl. Peter Dinzelbacher: An der Schwelle zum Jenseits, S. 21 f.

[450] Ebd., S. 22.

[451] Vgl. Nigel F. Palmer: Tondolus der Ritter, S. 48 f.

do nit wil den tot des sunders wan er ist der allen trost mag geben/ [...] Der kam
der selen zu trost vnd hilf in iren grossen noten nach seinem gotlichen willen/
Vnd sant ir zu hilff einen engel den sach sie ver dorther scheinen[.][452]

Im Unterschied zum Traum vermittelt die ekstatische Vision eine religiöse Wahrheit, die nicht mit dem Schlaf in Verbindung steht, aber oftmals
ebenfalls »als überirdische Enthüllung erlebt«[453] wird. In der mittelalterlichen Gesellschaft kam dem Traum eine erkenntnisgewinnende Bedeutung
zu, weil er eine reale und in der Regel »nicht zugänglich[e] Welt«[454] ver-
anschaulichen konnte. Der Unterschied besteht in der Wahrnehmung des
bewusst Gesehenen oder Geträumten, bei dem der Visionär »ein[e] außer
ihm liegend[e] Macht«[455] erkennt und davon ausgeht, dass die besuchten
Jenseitsräume tatsächlich existieren. Der Traum ist vielmehr eine Einbahn-
straße, von der die Kommunikation des Bewusstseins von außen nach innen verläuft, demzufolge ein Bewusstsein darüber besteht, »in einer irrealen
Welt agiert zu haben«[456]. In der heutigen Hermeneutik ist die »Trennung
von Traum- und Wachwelt«[457] viel stärker als in der altertümlichen Wissenschaft vollzogen, die den Traum ebenso unter der Terminologie ›visiones‹[458]
ansiedelte. Es ist die Traumvision, bei der der Schlaf anstelle einer Entrückung den »Austritt der Seele«[459] bewirkt, gerade dann, wenn die Schauung
zur Nachtzeit geschieht und sich die betroffene Person in einem vertrauten
Gemütszustand befindet. Ab dem Hochmittelalter wurde die Traumvision
verstärkt »in [...] verschiedene rein fiktive Inhalte eingekleidet«[460], weshalb
diesem Zustand ein echtes Erlebnis entgegensteht. Erscheinungen und Visionen können ebenso im Traum gesehen werden, dann hat der Schlafende
den analogen Eindruck, am selben Ort geblieben zu sein, während die Er-

---

[452] Ebd, S. 48, Z. 70–71, S. 49, Z. 72–106.

[453] Peter Dinzelbacher: Vision und Visionsliteratur im Mittelalter, Stuttgart 2017, S. 90.

[454] Ebd., S. 91.

[455] Ebd.

[456] Ebd.

[457] Ebd.

[458] Ebd. Hervorhebung im Original.

[459] Ebd., S. 92.

[460] Ebd., S. 94.

scheinung sich ihm nähert und es daraufhin zu einem Gespräch mit dem sich
nähernden Wesen kommt.[461] Die *Meerfahrt St. Brandans* kann in vielerlei
Hinsicht als Traumvision angesehen werden, weil St. Brandan im Gegensatz
zu Tondolus kein Wachbewusstsein für den Jenseitsraum besitzt.[462]

> D[o] nun sand Brandon wider in sein schiff gesaß vnd von land schied, do traib
> sie ein wester winde auff dem m[ô]r an ein grossen stain, der schwebt. dar auff
> saß ein mensch allain, der was rauch als ein Ber. do fragt in sand Bandon, wie
> er dar komen wer. do sprach der gut mensch: »ich geh[ô]r zů den brüdernn, da
> du heinacht bei gewesenn bist, vnnd ich bin auff disem stain hundert vnnd neün
> iar gewesenn, vnnd hat mir got der herr lassen wachssen mein gewanndt. vnnd
> ich gesach auch seyt nie kain mensch wann dich vnnd empeysse kainer, auch nie
> kainer leiblicher speiß seyd nie.« do sprach sand Brandon: »wie generst du dich
> vor dem weter?« do sprach der heilig brůder: »ich acht nit, wie es vmb den leib
> gat, sunder ich acht, wie ich die sele ernerenn müge. doch so ist ein hol in dem
> stain, do fleuch ich ein, wann die wetter koment, vntz es verget.« do sprach sand
> Brandon: »seider nun geh[ô]rst zů den brüdern, da ich heinacht was, warumb
> bist du dann nit bei ine, die fürent als ein heiliges lebenn, das sie got speißt mit
> dem himel brot?« do sprach der gutt mensch: »mich duncket die pueß dannoch
> zů clain sein, vnd ich wil auff disem stain sterben, vnnd soll mein gepain des iungs-
> ten tags hie baiten.« vnd sprach: »nun pfleg dein got, ich red nit mer mit dir!«[463]

Traum- und Jenseitsvisionen haben im Gegensatz zur Erlebnismystik keinen destruktiven Charakter. Obwohl emphatische Gefühle, wie Angst,
Furcht und Ekel, während der Vision eine große Rolle spielen, wenden sich
die Visionäre nicht in einem selbstzerstörerischen Akt gegen sich selbst,
sondern fühlen die Vision als einen passiven Akt, der unter einem objek-

---

[461] Vgl. ebd.

[462] Vgl. Rolf D. Fay: Sankt Brandan, S. 14 (Erscheinung bei Nacht), S. 25 (Erscheinung im
       Schlaf), S. 32 (Erscheinung nach Übernachtung im Kloster), S. 35 (Buße Judas von Sams-
       tag Nacht bis Sonntag Nacht), S. 37 u. 39 (Leiden Judas bei Nacht), S. 40 (Erscheinung
       der Teufel bei Nacht), S. 64 (Begegnung bei Nacht).

[463] Ebd., S. 14, Z. 1–23, S. 15, Z. 1–5.

tiven Einfluss entsteht.[464] Zwar sind die erlebnismystischen Erfahrungen auch » als halluzinatives Erleben zu interpretieren«[465], allerdings mit dem Unterschied des asketischen Aspekts, der in der Mystik eine herausragende Rolle spielt. Einige Mystikerinnen wenden sich auf brutale und bösartige Weise gegen sich selbst, was bei den Visionären in dieser Form nicht feststellbar ist.[466] Zwar steht der destruktive Charakter der Erlebnismystik mit einem konstruktiven und kreativen Akt der Heilung in Verbindung, ist aber aufgrund von »Formen der Selbstverletzung«[467] eher als Leidensweg zu kennzeichnen. Dieser Leidensweg ist vor allem durch extremes Fasten, hartnäckige Selbstgeißelung und »massive Beschädigungen des eigenen Körpers«[468] gekennzeichnet, was den psychosomatischen Aspekt des mystischen Erlebnisses als Versuch einer selbstständigen Psychotherapie in den Vordergrund rückt.[469] Die Ursache für das exzessiv erlittene Leid lag im »Fehlen eines guten Objekts«[470] und der emotionalen Unfähigkeit, »einfühlsame Beziehungen gestalten zu können«[471]. Grund hierfür waren »Deprivation und Traumatisierung in der Kindheit«[472]. Mystik diente als Moment der Reflexion, so konnten Traumata symbolisch gestaltet und reinszeniert, gleichzeitig aber auch Wünsche nach zwischenmenschlicher Nähe formuliert werden.[473]

---

[464] Vgl. Ralph Frenken: Leiden und Heilung. Zur Phantasiewelt der mittelalterlichen Mystik, in: Mystik und Natur. Zur Geschichte ihres Verhältnisses vom Altertum bis zur Gegenwart, hrsg. v. Peter Dinzelbacher, Berlin 2009 (Theophrastus Paracelsus Studien 1), S. 199–227, hier S. 199 f.

[465] Ebd., S. 200.

[466] Vgl. ebd., S. 200 f.

[467] Ebd., S. 200.

[468] Ebd.

[469] Vgl. ebd., S. 201.

[470] Ebd., S. 221.

[471] Ebd.

[472] Ebd.

[473] Vgl. ebd.

3.2 Die Jenseitsvision als Seelenwanderung

Nach Marco Frenschkowski war der Okkultismus oder die Vorstellung von Zauber und mystischen Erscheinungen bereits seit der Antike ein integriertes Phänomen im philosophischen Diskurs. Die damit in Zusammenhang stehenden Themenkomplexe der Fantastik beschäftigen sich mit Spiritismus oder dem Seelenleben.[474] Sie dienen nicht nur als »Motivlieferanten des Phantastischen«[475], sondern beinhalten eine tiefere Diskursaffinität, die sich gegen epistemologische Erkenntnistheorien richtet. Okkulte Phantasien sind »Züge des externalisierten Unbewussten«[476] und stammen aus der »Verdrängung [...] einer verborgenen, überraschenden Vitalität«[477], die in der Gesellschaft keine Akzeptanz erfährt. Sie beschäftigen sich mit den »verschüttete[n] Kräfte[n] des Menschen«[478] oder handeln von verschollenen Weisheiten, was z. B. im Motiv der Engel, des Traums und der Ekstase oder der fantastischen Reise deutlich wird. In der fantastischen Literatur ist die Seelenwanderung Teil einer psychologischen Seelenreifung, die in »esoterisch-okkulten Jenseitsszenarien«[479] auf einen Nenner gebracht wird. Dabei werden Jenseitsräume »als Metaphern seelischer Entwicklungen gedeutet«[480]. Das Leitmotiv der Seelenwanderung liegt in der imaginären Verbindung zwischen Raum und Zeit, vor allem aber in der Brückenfunktion. Ihre Lehre hat eine lange Tradition, die schon bei Platon und den christlichen Kirchenvätern bis hin zu den Philosophen des 18. Jahrhunderts diskutiert wurde.[481] Dabei stand die Brückenfunktion

---

[474] Vgl. Marco Frenschkowski: Artikel »Okkultismus, Spiritismus, Seelenwanderung«, in: Phantastik. Ein interdisziplinäres Handbuch, hrsg. v. Hans Richard Brittnacher und Markus May, Stuttgart 2013, S. 435–441, hier S. 435.

[475] Ebd., S. 436.

[476] Ebd.

[477] Ebd.

[478] Ebd.

[479] Ebd., S. 438.

[480] Ebd.

[481] Vgl. ebd., S. 439 f.

als didaktisches Lernmotiv der menschlichen Erziehung im Fokus der Diskussionen und wurde »als Mittel der Entwicklung«[482] angesehen.

3.2.1 Tondolus der Grenzgänger

Die Seelenwanderung als imaginäre Reise vom Diesseits ins Jenseits verläuft entlang einer Brücke, die auch als Übergang oder Schwelle bezeichnet werden kann. Schwellenübergänge sind Teil der Grenzüberschreitung und psychischer Ort der Grenzerfahrung des Visionärs. Die Wanderung der Seele in einen liminalen Raum impliziert eine gewisse transzendentale Bewegung über eine Schwelle, die einen geografischen Übergang bereithält. Tondolus' Seele überschreitet während seiner Jenseitsreise mehrere Schwellen, die ambivalente geografische sowie psychologische Möglichkeiten eröffnen. Dabei muss der Visionär gefährliche Hürden und persönliches Empfinden überwinden. Die physischen und psychischen Prozesse sind an die Struktur des Raumes gebunden und stehen in einem Abhängigkeitsverhältnis. Die Schwelle kann diese Abhängigkeit für kurze Zeit aufheben, und es scheint, als sei sie ein unabhängiger Teil des Jenseits, weil sie geografisch jenseits von diesen Räumen als eine Art Zwischenraum anzusehen ist, in dem eine eigene Gesetzgebung herrscht.[483] In das Jenseits gelangt Tondolus durch eine unfreiwillige Entrückung, die als gewaltvoll und grauenhaft beschrieben wird. Der Ritter konnte noch sprechen, bevor es ihn plötzlich niederschlug, so, als ob er tot sei und niemals ein Leben gehabt hätte. Die Ursachen der Entrückung werden in den meisten Erzählungen implizit genannt, sodass spezifische Konfliktsituationen die Visionen erst hervorrufen.[484] Meist liegen die Gründe in »eine[m] sozia-

---

[482] Ebd., S. 440.

[483] Vgl. Judith Dangel: Artikel »Passagen, Schwellen, Übergänge«, in: Phantastik. Ein interdisziplinäres Handbuch, hrsg. v. Hans Richard Brittnacher und Markus May, Stuttgart 2013, S. 441–447, hier S. 441.

[484] Vgl. Hedwig Röckelein: Otloh, Gottschalk, Tnugdal: Individuelle und kollektive Visionsmuster des Hochmittelalters, masch. Phil. Diss., Frankfurt am Main 1987 (Europäische Hochschulschriften 319), S. 105.

len oder moralischen Fehlverhalte[n] «[485], oder es werden keine konkreten Gründe für eine Entrückung angegeben. Der Tugendverstoß, den Tondolus in seinen Leben begangen hatte, war ein Verstoß gegen die soziale Ordnung der mittelalterlichen Ständegesellschaft, die dem Adel eine gewisse karitative Aufgabe zuwies. Er vernachlässigte seine ritterlichen Pflichten, weil er seinem Schuldner das geliehene Geld abverlangte, obwohl dieser seine Schuld nicht materiell begleichen konnte.[486] Weitere Anklagepunkte, die Tondolus zu einem »Prototyp des Adligen«[487] stilisieren, der die christlichen Ideale noch nicht verinnerlicht hat, werden bereits zu Beginn der Erzählung in einer Beschreibung seiner Lebensumstände als Begründung und Ursache seiner Entrückung genannt.[488]

> [V]on leib stoltz hubsch vnd starck/ Aber lutzel gedacht er nach dem heil siner sele darnach zu wurcken/ sunder vbel vnd schwerlich nam er es vff so man im saget von der sel heil er versumet die kirchen vnd gots dinst/ Arm lut mocht er weder sehen noch horen. aber geuckler vnd lotterbuben teilt er rilich mit/ vß yppiger ere was er vermocht/ Vnd als er vil gutter frund. gesellen vnd mitritter hat/ was einer vnder in der im schuldig wz dru pferd zuvergelten do zu wart jm ein zil gesetzt/ do nun dz zil vergangen was kam tundalus zu seinem schuldener/ Vnd so der ritter von diesem seinem schuldener erlich entpfangen wart vnd dry nacht by jm bliben was. fordert er sein vßstond schuld/ vnd do diser antwurt er het nit so vil dz er in ietzunt mocht bezalen/ sunder er solte jm lenger beiten/ vß zorn wolt Tundalus von jm gewichen sein/ do begert in der schuldner zu senftmutigen vnd bat in er solt vor mit jm essen ee dan er von jm schied. Also saß tundalus nider vnd legt von jm sine woffen die er by jm trug vnd fieng an mit seinem schuldner zeessen. Vnd so er also sitzet ward er schnelliglich getroffen mit dem gotz gewalt [...] wan sein sele wardt von jm verzuckt[.][489]

Die Parallelwelt, in die Tondolus' Seele entrückt wird, ist eine Welt des Schauers, der Angst und des Schreckens. Diese Struktur der Weltpluralität,

---

[485] Ebd.
[486] Vgl. ebd., S. 106.
[487] Ebd.
[488] Vgl. Nigel F. Palmer: Tondolus der Ritter, S. 47 f.
[489] Ebd., S. 47, Z. 12–34, S. 48, Z. 41–42.

die unterschiedlichen Regelsystemen unterworfen ist, kann als Folie dazu dienen, auf gesellschaftliche Missstände hinzuweisen, um Lösungsmöglichkeiten als Ausweg aus der Situation zu bieten. Der Zugang zur Parallelwelt lässt sich über das Öffnen von Grenzen und Übergängen bestreiten. Dabei muss ein System der Öffnung zur Verfügung stehen, das diese Welt zugänglich macht.[490] Die Schwelle als Grenze, über die eine Passion möglich ist, ist also »das Hauptmotiv der Grenzüberschreitung«[491]. Dabei kann sich der Grenzgänger in einem Zwischenstadium oder an einem der beiden Orte befinden. Die Grenze wird also im Verlauf zur Schwelle, die überwindbar wird, bleibt aber bestehen, wenn der liminale Raum nicht betreten wird oder nicht betretbar ist. Im Laufe der Jenseitsreise trifft Tondolus' Seele auf Schwellen, die er überschreiten muss, und auf Grenzen, die für ihn unüberwindbar bleiben. Diese Schwellenübergänge und Grenzerfahrungen bringen die Seelenwanderung ins Stocken und führen zu Reflexionsmomenten des Visionärs, die ihm zuerst Angst und Schrecken bereiten, im weiteren Verlauf der Jenseitsreise aber zur Kenntnis über sein Seelenheil führen.[492] Am Ende des Berges trifft Tondolus auf ein grausames großes Tier, das die Sünder, die Wucher und den Raub begangen haben, verschlingt. Er muss diese Strafe am eigenen Leib erleben, um zur Kenntnis über seine eigenen Sünden zu gelangen.[493]

[V]nd do wir kament zu ende des bergs/ do ersach ich ein grulich groß tier dz was engstlicher vnd grosser dan der berg den wir vor gesehen hetten Vnd worent im sein augen gelich also tief gruben Vnd sein hals was im also weit vff gesperret dz wol .ix. tusent gewappenter man dar in gingent [...] vß den porten giengent grulich fures flammen Vor dem tier stundent vil tufen die triebent vnd iagtent vil selen zu den drien porten in den hals des grulichen tieres/ in dem tier horte ich gruliche schrien. hulen. vnd weinen von frawen vnd mannen/ der manig tusent was Do ich das grulich tier lang an gesach vnd hort das iemerlich schreien von den selen die in im warent. Do sprach ich mit weinenden augen mit groser vorcht zu dem engel. Eya lieber her sihest du nit das groß engstlich tier vor vns

---

[490] Vgl. Judith Dangel: Artikel »Passagen, Schwellen, Übergänge«, S. 442 f.

[491] Ebd., S. 443.

[492] Vgl. ebd., S. 443 f.

[493] Vgl. Nigel F. Palmer: Tondolus der Ritter, S. 54–56.

ston das ich sehe vnnd war vmbe gast du also nahe hin by/ [...] Do sprach der engel vnser weg muß hie hin gon wan dise pin kan nieman vermiden dan die vsserwelten Dis thier heisset achernus achyro dz verschlindet nit allein die do gut gewinnent mit wucher mit rauben mit diebstal mit nid mit liegen mit spilen mit vnkuscheit mit gunst weltlicher lib sunder auch die do begerent vnd gewinnent vnrecht gut vnd vil hand vber ir notorft [...] Aber du solt noch vil groser pin schawen vnd ir ein teil liden[.][494]

Grenzen, Schwellen und Übergänge erfährt der Visionär nicht nur in gefährlichen Situationen, sondern auch im himmlischen Paradies, als er auf eine hohe Mauer trifft, an der kein Eingang zu sehen ist. Diese Grenze zum himmlischen Paradies bleibt seiner Seele unzugänglich und ist für ihn nur unter bestimmten körperlichen und geistigen Bedingungen überwindbar, die seine Seele in ihrem jenseitigen Zustand noch nicht erfüllt. Für ihn bleibt die Grenze zum ewigen Himmel verschlossen, und er erhält nur eine kleine Kostprobe von der Herrlichkeit des himmlischen Paradieses.[495]

D[i]e mure was gantz silberin vnd auch gar schon Vnd an der selben muren schein kein port vnd wust doch nit wie ich dar in kam Dan von gotlicher kraft vnd als ich hin kam/ do sach ich vmb mich/ vnd sach die chor der engel si vnd die heiligen sich frauwen vnd sprechent Ere sie dir vater Ere sig dir sun Ere sig dir heiliger geist Vnd also sungent mann vnd frauwen/ die warent inn ytel weiß gekleidet vff das aller kostbarlichest vnd [...] frauten sich in dem lob der ewigen gotheit/ vnd der heiligen Triualtikeit der schin der kleider wz wiß alß der schne/ Vnd ir stime erklungen als manigerlej seitenspil von rechter sussikeit/ Es wz do alles gelich clarheit/ schonheit wolustikeit/ frolicheit zucht stetikeit/ ewikeit/ vnd alle demutikeit was sagen ich von dem rauch oder geschmack der seligen da die heiligen ine warent/ der geschmack vbertrat alle edel kruter mit sussikeit vnd wollust Do was kein nacht/ vnd all betrubnis ging ab sie branten alle in der liebe gottes/ do sprach ich zu dem engel Liber her ist es dir beheglich so bit ich dich/ loß vns in diser rugen bliben/ Do antwurt mir der engel wie wol hie grosse ding gesehen werdent doch magstu wol grosern lon verdinen/ Do sprach ich min her was selen sind dis die diesen grossen lon hant Der engel sprach diser lon ist der elichen lut vnd mit namen deren die iren elichen stat nit verflecket oder verunreiniget haben mit vnzimlichem ebrechen vnd sunden Si hant ir gesind wol

---

[494] Ebd., S. 54, Z. 247–253 u. Z. 260–269, S. 55, Z. 270–277 u. Z. 281–282.
[495] Vgl. ebd., S. 79–81.

regiret vnd zitlich gut den armen vnd den bilgern vnd den kirchen mit geteilet/ durch cristus ere der zu dem iungsten vrteil sprechen wirt koment her ir gebene-diten besitzen das reich das euch von anbeging bereit ist/[496]

Die Jenseitsbrücke ist Teil der Wegstruktur, die die jeweiligen Jenseitsorte räumlich voneinander trennt. Die Funktion der Brücke als Schwellengang besitzt Interferenzen und Ambivalenzen, weil sie nicht nur den Übergang ins Jenseits markiert, sondern gleichzeitig auch als Folterinstrument für Tondolus' Seele dient. Sie ist nicht nur geografisches, sondern emotionales Hilfsmittel zum Erreichen der Konversion des Visionärs.[497] Im Übergang über eine Schwelle wird die Dimension des Jenseits deutlich, die eine neue, vorher nicht erkennbare Länge und Breite und demnach eine endlose Wei-te des Raumes erahnen lässt. Diese neue Weite hält eine gewisse geheim-nisvolle Erkenntnis bereit, die dem Visionär zunächst Angst und Furcht einflößt, aber dennoch als neutraler Ort angesehen werden kann, an dem das Geheimnis der Tiefe gewahrt bleibt.[498] Diese »Dimensio[n] der Er-kenntnis«[499] führt die Imagination in weitere Bereiche, die Erfahrung und Erkenntniszuwachs auf einer anderen Bewusstseinsebene bereithalten. Die Grenze und die damit verbundene Überschreitung ist »ein grundlegendes Merkmal der phantastischen Literatur«[500], weil im Übergang ins Jenseits ein Realitätseinbruch stattfindet, der mit »eine[r] Wandlung des Protago-nisten«[501] einhergeht. Zudem besitzt der Übergang in eine andere Welt einen rituellen Charakter, der als ›Rites de passage‹[502] bezeichnet werden kann. Dabei werden räumliche Grenzen durch Magie oder rituelles Ver-halten überquert. Es sind lebenszyklische Übergänge, bei denen zwei Le-bensstufen in einem Übergang verschiedene Seinszustände voneinander unterscheiden, z. B. durch Prüfungen oder bei der Geburt.[503] Den Über-

---

[496]   Ebd., S. 79, Z. 1037–1060, S. 80, Z. 1061–1069.

[497]   Vgl. Hedwig Röckelein: Otloh, Gottschalk, Tnugdal, S. 232.

[498]   Vgl. Judith Dangel: Artikel »Passagen, Schwellen, Übergänge«, S. 444.

[499]   Ebd.

[500]   Ebd.

[501]   Ebd.

[502]   Arnold van Gennep: Rites de passage, Paris 1909, S. 3 u. S. 14, zitiert nach: ebd., S. 445.

[503]   Vgl. Judith Dangel: Artikel »Passagen, Schwellen, Übergänge«, S. 445.

gang durch Passagen beschreibt Victor Turner als ›Liminalität‹[504], einen
»Zustand des Dazwischen«[505]. Es betrifft Personen, die sich als Grenzgänger »von der sozialen Ordnung rituell gelöst haben«[506]. In diesem liminalen Zustand herrscht eine gewisse »Unbestimmtheit und Ambiguität«[507],
sodass sich das Individuum in einem Zwischenzustand befindet, der sich
weder an Gesetze noch an Traditionen binden lässt. Die Brücke als symbo-
lischer Übergang und das damit verbundene Ritual kann in *Tondolus' Vision* als Wandel eines heidnischen Lebens zu einem religiösen Bewusstsein
angesehen werden, bei dem der negative Charakter des Ritters ins Positive
verkehrt wird. Am Ende der Übergangsriten markiert eine Wiedereinglie-
derung in gesellschaftliche Konventionen den erfolgreichen Abschluss des
Zwischenzustands.[508]

Peter Dinzelbacher sieht in der Jenseitsbrücke und der Himmelsleiter unterschiedliche philosophische »Leitsymbol[e] [des] Mittelalter[s]«[509], die
in einer langen religiösen Tradition stehen. Das Brückenthema ist als Wan-
dermotiv zu deuten, das aus dem eigentlichen Kontext losgelöst betrachtet
werden kann, weil dieses Motiv problemlos in unterschiedlichen Jenseitsreisen einsetzbar erscheint.[510] Sie sind das historische Erbe des indoeuropäi-
schen Gedankenguts und gehören »zum gemeinsamen Gut der Ahnen jener
Völker«[511]. Ohne die Überlieferung dieser religiösen Bilderwelten wären
die Visionen des Mittelalters überhaupt nicht denkbar, denn ihnen liegt das
»Motiv eine[r] psychisch-religiöse[n] Erfahrung zugrunde«[512]. Die Brücke
als »Bild des gefährlichen Überganges«[513] erschien bereits im Judentum

---

504 Victor Turner: Das Ritual. Struktur und Anti-Struktur. Aus dem Englischen und mit
      einem Nachwort von Sylvia M. Schomberg-Scherf, Neuauflage, Frankfurt am Main 2005
      (Campus Bibliothek), S. 95.
505 Judith Dangel: Artikel »Passagen, Schwellen, Übergänge«, S. 446.
506 Ebd.
507 Ebd.
508 Vgl. ebd.
509 Peter Dinzelbacher: Die Jenseitsbrücke im Mittelalter, masch. Phil. Diss., Wien 1973
      (Dissertationen der Universität Wien 104), S. 158.
510 Vgl. ebd., S. 159.
511 Ebd., S. 160.
512 Ebd.
513 Ebd., S. 161.

und war im Christentum als »Seelenbrücke des Jüngsten Gerichtes«[514] bekannt. Wahrscheinlich hatte Gregor der Große das Motiv auf Brückendar-
stellungen des Mittelalters übertragen, so, wie sie in der *Visio Pauli* und der
Vision des Tondolus erscheinen.[515] Aus Irland kam ab dem 12. Jahrhundert
der stärkste Überlieferungsstrom, der das »Motiv [einer] beweglichen bzw.
schneidenden Brücke«[516] aufwies, die in der religiösen und der profanen
Literatur weite Verbreitung fand. Bei dem Brückenmotiv aus »der irisch-
englischen Tradition«[517] steht die »Brücke als Strafmittel«[518] im Gegensatz
zur »Funktion als Trennfaktor«[519] im Vordergrund. Das Strafprinzip der
christlichen Visionsliteratur peinigt den Visionär an den Stellen, an denen er
gesündigt hat. Im Fall des Tondolus betreffen die Strafen vorwiegend seine
psychischen Veranlagungen, wie sein Gewissen, seine Moral und seine Empathie. Der Visionär als Grenzgänger überquert eine Brücke, die mit Lastern
seines diesseitigen Lebens ausgestattet ist, weil er im Jenseits seine Persön-
lichkeitsdefizite überwinden muss.[520] Neben der Brücke ist das Dornenfeld
ein klassisches »›Leitmoti[v]‹ der mittelalterlichen Visionsliteratur«[521],
das es zu überwinden gilt und zur Grenzerfahrung des Visionärs beiträgt.
Dornen und Nägel, die dem Visionär während der Überquerung der Brücke die Fußsohlen durchbohren, gehören zu einem gängigen Erzählmuster
der Grenzerfahrung.[522] Der Visionär muss diese Folter ertragen, weil er den
Armen in seiner Zeit als Ritter keine Almosen entgegengebracht hat.[523]
Die Gabe der Almosen war im Mittelalter mit dem Besitz von Schuhen
verbunden. Aus einer Tiroler Legende geht hervor, dass eine Jungfrau ihre
Schuhe als Almosengabe einem Armen schenkte, sodass sie während ihrer
Jenseitswanderung barfuß über eine stachelige Wiese gehen musste, bis sie

---

[514] Ebd.

[515] Vgl. ebd., S. 162.

[516] Ebd., S. 163.

[517] Ebd., S. 164.

[518] Ebd.

[519] Ebd.

[520] Vgl. Hedwig Röckelein: Otloh, Gottschalk, Tnugdal, S. 110.

[521] Ebd., S. 232. Hervorhebung im Original.

[522] Vgl. ebd., S. 233.

[523] Vgl. ebd., S. 116.

ihre Schuhe an einem Baum hängend wiederfand.[524] Die Grabbeigabe von Schuhen war im Mittelalter eine übliche Strategie, um die Toten »für die Jenseitswanderung zu rüsten«[525]. Zur christlichen Zeit verschob sich die Vorstellung des Totenschutzes, indem die Schuhe als Almosen der diakonischen Kirchenpraxis zugutekamen.[526] Die Visionäre kämpfen während ihres Grenzgangs mit »einer physischen Labilität«[527], die auf die Konflikte einer heterogenen Gesellschaft zurückzuführen sind. Dabei werden widersprüchliche Ideale einer unterschiedlich kulturell geprägten Ständegesellschaft thematisiert und die moralischen und religiösen Defizite des weltlichen Adels offenbart.[528] Im Verlauf der Handlung gelangt Tondolus an eine weitere Brücke, auf der er eine ungezähmte Kuh über einen schmalen Steg geleiten muss. Im Lehrgespräch mit dem Engel Eya erfährt Tondolus, weshalb Gott ihm dies auferlegt hatte.[529]

> Owe mir armen selen Eya warumb hat mich got geschaffen/ das ich solich vnlidlich pein muß liden/ vnd wie sol ich arme sel/ die vngezemte ku hinuber bringen/ Sit ich vff disem engen steg mine fuß nit gestellen kan/ gottes barmhertzikeit kom mir dan zu hilf Der engel sprach nu gedenck sele do du bey dinem leben wert/ das du dim geuattern ein ku stulest/ Do sprach ich Eya lieber engel nun weistu doch wol/ das ich die ku meinem geuattern wider gab/ Do sprach der engel ia do du mir sie nit mochtest verbergen/ da mustu sie wol wider geben/ darumb soltu nit gantz pin liden/ wan es ist miner sund boses willen dan volbringen/ wie wol sie fur got bed boß sind/ Do sprach der engel/ wie stestu sihestu nit die vngezemte ku die du solt iber den steg leiten Do schrey ich mit grossem iamer vber mein sunde/ vnd nam die ku vnd trat zu dem stege do kament zu hant die grulichen tier die in den pfutzen wartent vnder dem steg vnd warent wan ich fiel dz sie mich verschlunden Do ich nun iemerlich vff den steg kam do wolt mir die ku nit volgen/ wan ich fiel so geing die ku/ wan ich geing so stund die ku Vnd wan ich mich hielt an die ku so vielent wir bed/ so stundent [...] wir bed vff/ vnd dis triben wir an/ bitz wir mitten vff den steg koment/ [...] do stundent wir

---

[524] Vgl. ebd., S. 117; Anm. 1.
[525] Ebd.
[526] Vgl. ebd., S. 118.
[527] Ebd., S. 120.
[528] Vgl. ebd.
[529] Vgl. Nigel F. Palmer: Tondolus der Ritter, S. 56–59.

bed in grosser pine wan die negel gingent vns durch vnser fusse/ do von bluten wir so ser/ das der steg vol blutes stund Vnd do wir bed in iamer vnd in pin gar lang gestundent/ vnd schruhent vber vnser sunde die wir gethon hetten Enweiß ich nit wie vnser eins was kommen fur dz ander Do ersach ich den engel den ich hinder mir gelassen hat/ der sprach fruntlich zu mir Bis got wilkommen du liebe sel/ hab nit me sorg fur die ku/ wan du bist ir ledig worden/ Do wißt ich min verserte fuß/ vnd sprach ich mag nit furbas kommen/ Do antwurt mir der engel/ hie bei soltu gedencken sele/ din fuß gar schnel worend zu den sunden vnd blutuergissen Herumb were es wol billich/ das du blutig vnselige weg gan soltest in ewig pin wan dir gottes barmhertzikeit nit zu hilf keme/ Do macht mich der engel wider gesunt/ vnd hieß mich im volgen.[530]

3.2.2 Der Engel als Reisebegleiter

Der Visionär einer Jenseitsvision wird zumeist von einer heiligen Person oder einer Engelsgestalt begleitet und durch die Räume des Jenseits geführt.[531] Häufig sind die Engel »Gabriel oder Raphael«[532] die Begleiter. In der *Vision des Tondolus* ist der Engel Eya an der Seite des Visionärs, um ihn auf dem Weg durch das Jenseits zu geleiten.[533] Für die Theologen des Mittelalters war der Engel eine individuelle Kreation Gottes, die ähnlich geschaffen wurde wie der Mensch. Ihm lag eine positive Lehre Gottes zugrunde. Die Vorstellung von Engeln und der Verlust ihrer theologischen Signifikanz gingen Hand in Hand mit der Neuinterpretation von dem Verhältnis zwischen Gott und Mensch.[534] In der Neuzeit verloren »die Engel ihre theologische Realität«[535], ihre »kosmologische Funktion als Chefvermittler«[536]

---

[530] Ebd., S. 58, Z. 377–397, S. 59, Z. 398–401 u. Z. 409–425.

[531] Vgl. Jacques Le Goff: Phantasie und Realität des Mittelalters, S. 130.

[532] Ebd.

[533] Vgl. Nigel F. Palmer: Tondolus der Ritter, S. 50-87.

[534] Vgl. Isabel Iribarren/Martin Lenz: The Role of Angels in Medieval Philosophical Inquiry, in: Angels in Medieval Philosophical Inquiry. Their Function and Significance, hrsg. v. Isabel Iribarren und Martin Lenz, Burlington 2008 (Ashgate Studies in Medieval Philosophy), S. 1–11, hier S. 4. Übersetzung aus dem Englischen.

[535] Ebd., S. 4.

[536] Ebd.

und ihren Status als »Garanten der Weltordnung«[537]. Mediävisten und Philosophen tun sich mit dem historischen Gegenstand der Engel schwer, weil es keinen evidenten Beweis für ihre Existenz gibt.[538] Der Forschungsgegenstand ist deshalb eine »Topik der Engel«[539]. In der Sprache liegt die Möglichkeit der spirituellen Wesen, miteinander zu kommunizieren.[540] Ohne die Idee der Überwindung gewisser Grenzen und Eröffnungen von etwas, das zunächst versteckt ist, ist laut Theo Kobusch so etwas wie »Freiheit und Subjektivität«[541] nicht denkbar.

> [A]ngels played a decisive role in the explanation of the specific status of human beings. In the medieval context, an anthropological investigation was not possible without distinguishing human beings from brute animals on the one side and from angels on the other.[542]

Anhand von Debatten bestand eine »Signifikanz der Engel«[543] in der mittelalterlichen Literatur. Sie hatten den »Status des Gedankenexperiments«[544], durch das einfache Probleme »unter idealisierten Bedingungen«[545] veranschaulicht und diskutiert werden konnten. In erster Linie interessierten sich die Autoren des Mittelalters für eine Analyse der Engel, in der Annahme, sie seien reale Kreaturen, die die materielle Welt durchdringen könnten und

---

[537] Ebd.

[538] Vgl. ebd., S. 5

[539] Ebd.

[540] Vgl. Theo Kobusch: The Language of Angels: On the Subjectivity and Intersubjectivity of Pure Spirits, in: Angels in Medieval Philosophical Inquiry. Their Function and Significance, hrsg. v. Isabel Iribarren und Martin Lenz, Burlington 2008 (Ashgate Studies in Medieval Philosophy), S. 131–142, hier S. 131. Übersetzung aus dem Englischen.

[541] Ebd.

[542] Dominik Perler: Thought Experiments: The Methodological Funktion of Angels in Late Medieval Epistemology, in: Angels in Medieval Philosophical Inquiry. Their Function and Significance, hrsg. v. Isabel Iribarren und Martin Lenz, Burlington 2008 (Ashgate Studies in Medieval Philosophy), S. 143–153, hier S. 143.

[543] Ebd., S. 144. Übersetzung aus dem Englischen.

[544] Ebd.

[545] Ebd.

eine Möglichkeit zur kognitiven Aktivität besäßen.[546] Aufgrund ihrer imma-teriellen Existenz konnten Nachteile vermieden werden, »die eine körperli-che [Präsenz] für das reine Denken mit sich bringe[n]«[547] würde. Aber nicht nur Theologen hatten ein großes Interesse an ihrer Erforschung, sondern auch die mediävistischen Philosophen.[548] Sie erklärten sich die Beschaffen-heit der Engel als ›habitus scientialis‹[549]. Ihrer Ansicht nach waren es Schöp-fungen, die in den Köpfen der Menschen gebildet wurden, um den Eintritt zu allen möglichen Inhalten bereithalten zu können.[550] Eine Sprache zu spre-chen, setzt eine gewisse Subjektivität voraus, die bei den Engeln nicht real existiert.[551] Dennoch haben sie in der Sprache ihrer Topik die Funktion des Ausdrückens in »ein[em] Akt des Verbergens«[552]. Dabei stehen sie nicht in einer kirchlichen Hierarchie, sondern spiegeln »verschieden[e] Ordnungen dieser Welt«[553]. Sie zeigen die Möglichkeit eines positivistischen Weltent-wurfs, an dem eine »universale Ordnung [...] der Welt«[554] und eine Erkenn-barkeit der Welt sichtbar wird. Dabei betonen sie die Differenz innerhalb der menschlichen Vorstellung von der Ewigkeit Gottes in einer vergänglichen Welt.[555] Die Diskussion über die Problematik der funktionalen Immateriali-tät der Engelsgestalt lässt sich speziell in der mittelalterlichen Visionslitera-tur häufig feststellen. In der *Vision des Tondolus* steht sie im Zusammenhang

---

[546] Vgl. ebd.

[547] Anja Hallacker: Angels. An International Conference on Medieval Angelology (St. John's College, Oxford, 11.–13. April 2005), in: Bochumer Philosophisches Jahrbuch für Anti-ke und Mittelalter 10, hrsg. v. Burkhard Mojsisch, Olaf Pluta und Rudolf Rehn, Amster-dam/Philadelphia 2005, S. 229–233, hier S. 231.

[548] Vgl. Dominik Perler: Thought Experiments, S. 145. Übersetzung aus dem Englischen.

[549] Ebd.

[550] Vgl. ebd.

[551] Vgl. Anja Hallacker: Angels, S. 229.

[552] Ebd.

[553] Ebd., S. 230.

[554] Ebd., S. 231.

[555] Vgl. ebd.

mit der Frage nach einer gerechten Weltordnung und dem Unterschied zwischen Gut und Böse.[556]

> Eya lieber her ich klag dir das mich der hellen pin iemerlich hant vmbgeben vnd bin gebunden mit den ketten des ewigen todes/ Do sprach der engel aller erst heissestu mich her vnd bin al din tag bi dir gewest vnd du enwoltest mich nit erkennen Do sprach mein arm sele Eya lieber her wo han ich dich doch ye gesehen oder din sussze stim ie me gehort Do sprach der engel ich han dir lang zeit nach gegangen Sit dz du geboren wurdst vnd das best geraten vnd woltest mir nie geuolgen Do zeugt der engel sunderlich vff ein teufel deren dan vil vor im stunden/ vnd sprach sihe Das ist der ratgeber dem du alzit geuolget vnd gottes willen versumet hast Iedoch gottes barmhertzigkeit gat vor sein strengkeit Nun wil er sich din erbarmen darumb frowe dich vnd bis sicher der pinen der du vil verdinet hast/ soltu ein teil liden Herumb volg mir nach/ vnd was du wurdest sehen Vnd ich dir zeig/ behalt stet in gutter gedechtnis das kommet von gottes barmhertzikeit wan du solt wider lebendig werden vnd zu dinem corpel komen dan wirt es dir nutz.[557]

Der Engel als Reisebegleiter ist nicht nur Diskussionspartner, Wegbereiter und Ratgeber, sondern ebenso Beschützer, Motivator und Angstlöser.[558] Er nimmt die Beobachterrolle ein, sodass der Visionär »in den Handlungsablauf hineingestellt«[559] wird; die Beobachterrolle und die Gestalt des ›ductors‹ sind Teil des dramatischen Handlungsablaufes, weil durch die Engelserscheinung in kritischen Situationen eine »sukzessive Verkettung des Geschehens«[560] gewährleistet wird. Dabei ist der Engel als ductor nicht nur für die Verkettung der szenischen Bilder, sondern auch für

---

[556] Vgl. Nigel. F. Palmer: Tondolus der Ritter, S. 49 f. (Immaterialität der Engelsgestalt in Form eines Sterns und der Sprache), S. 51–75 (Weg der Läuterung und Buße im Reich des Bösen), S. 75–88 (Weg der Umkehr zum Guten).

[557] Ebd., S. 50, Z. 114–134.

[558] Vgl. Hedwig Röckelein: Otloh, Gottschalk, Tnugdal, S. 238 f.

[559] Hans Joachim Kamphausen: Traum und Vision in der lateinischen Poesie der Karolingerzeit, masch. phil. Diss., Fankfurt am Main 1975 (Lateinische Sprache und Literatur des Mittelalters 4), S. 75.

[560] Ebd., S. 76.

den Vorgang der Psychologisierung des Visionärs zuständig.[561] Der Engel als ductor hat nicht nur Einfluss auf die Kohärenz des Handlungsablaufs, sondern besitzt selbst eine Beschützerfunktion im Geschehen des Visions-hergangs. Er verhindert die Marter des Visionärs und führt eine Minde-rung der Strafe herbei, weil er fester Bestandteil der Bestrafungslogik der jenseitigen Raumsemantik ist, sodass er den Buße- und Läuterungsprozess herbeizuführen vermag.[562]

Peter Dinzelbacher führt aus, dass der Engel eine Führergestalt ist, die den Visionär über tiefenpsychologische Zugänge zur Erkenntnis gelei-tet.[563] Seine Imagination steht psychologisch im Zusammenhang mit der »Hilflosigkeit und Hilfsbedürftigkeit des kleinen Menschenkindes«[564], das seine »Schwäche gegen die großen Mächte des Lebens erkannt hat«[565]. Er steht im Zeichen des Schutzes gegen die Urängste der Menschheit, und ihm obliegt »eine positive Vater-Imago«[566], die den Visionär in Obhut nimmt.

Julia Weitbrecht sieht den Engel in der Jenseitsreise als verantwortlich für die »fundamentale Veränderung [des] Heilsstatus[es]«[567] der Protagonisten an. Durch ihn als ›angelus interpres‹ »findet [...] ein Transzendenzkontakt statt«[568], der den Visionär nicht nur durch das Jenseits, sondern auch zu einem Erkenntnisprozess führt. Er steht direkt in Verbindung mit der Be-wusstseinsveränderung des Visionärs, weil er ihn aufgrund der »Abfolge von Sehen, Verstehen [...] und Erfahren«[569] zur Einsicht, Erkenntnis und Heils-aussicht führt.

---

[561] Vgl. Hedwig Röckelein: Otloh, Gottschalk, Tnugdal, S. 239.

[562] Vgl. ebd., S. 241.

[563] Vgl. Peter Dinzelbacher: Vision und Magie, S. 77.

[564] Sigmund Freud: Studienausgabe X. Bildende Kunst und Literatur, 9. Auflage, Frankfurt am Main 1969 (Freud-Studienausgabe 10), S. 146.

[565] Ebd.

[566] Peter Dinzelbacher: Vision und Magie, S. 77.

[567] Julia Weitbrecht: Aus der Welt, S. 150.

[568] Ebd.

[569] Ebd.

Vnd als ich lag in grosser kranckheit von der pin die ich gelitten het/ do tet ich gar krencklich vf mein augen vnd ersach den engel ver dorther schinen der mich vor het geleitet/ Do ward ich vß der mossen fro/ vnd sprach O alle mein hoffen O alle mein trost von got O min licht O ein enthalter meins grossen iamers warumb hastu mich gelassen in also grossen noten vnd pinen Ach ich arme sel wo mit sol ich got dancken siner grossen gut Vnd het er mir nie kein gut gethon/ dan dis allein dz er dich mir zu hilf hat geben So enkond ich doch got niemer voldancken/ Do sprach der engel zu meiner sel/ Du solt gedencken dz du gesprochen hast gottes gut sie grosser dan alle din missetan/ vnd dz ist ware vnd ist an dir bewiset/ wan got vrteilet iglichen nach seinen wercken Vnd dise pin hastu vmb din sund gelitten Nun sig dz du allein gedenckest/ wan du wider zu dinem lib kommest/ dz du die sund midest.[570]

3.2.3 Der Teufel als Kontrahent Gottes

Weitere Schwellenfiguren treten dem Visionär während seiner Jenseitsreise in Form von Monstern, Ungeheuern oder als Teufel entgegen. Der Teufel als Figuration des ultimativen Bösen ist der Widersacher Gottes und dessen Gegenspieler.[571] Der Dualismus, der zwischen dem Guten und dem Bösen herrscht, gleicht in den »persischen, babylonischen und [...] hellenischen Kulturkreis[en]«[572] einem unversöhnlichen Kampf, der sich bis zum christlichen Glauben weiterentwickelte und eine Ähnlichkeit zum »Antagonismus der griechischen Mythologie«[573] aufweist. Das Böse hat in den christlichen Darstellungen des Satans Ähnlichkeit mit dem griechischen Gott Pan und den persischen Dämonen. Der Begriff ›Teufel‹ hat seinen Ursprung im griechischen ›diabolos‹ und bedeutet ›Verwirrer‹ oder ›Verleumder‹. Er wird üblicherweise mit Hörnern, Bockfüßen, Schwänzen, Hufen und Klauen dargestellt. In der *Apokalypse des Johannes* symbolisiert die Widerwirkung des Satans gegen das Gute eine Schlange oder ein Drache. Im *Lukas-Evan-*

---

[570] Nigel F. Palmer: Tondolus der Ritter, S. 56, Z. 301–319.

[571] Vgl. Hans Richard Brittnacher: Artikel »Satanismus«, in: Phantastik. Ein interdisziplinäres Handbuch, hrsg. v. Hans Richard Brittnacher und Markus May, Stuttgart 2013, S. 472–482, hier S. 472.

[572] Ebd.

[573] Ebd.

gelium erzählt der Apostel von einem Kampf des Lichtträgers Luzifers gegen Gott, weil dieser nach dessen Auffassung die aus Lehm gemachten Menschen vorziehe, woraufhin Luzifer von Erzengel Michael nach einem Kampf aus dem Himmel verbannt wird. Der Höllensturz des Luzifers verwandelt den vormals schönen Engel in einen hässlichen und entkleideten Teufel mit dem Namen Satan.[574] Ähnlich der griechischen Mythologie prägte die frühe Christenheit und die religiöse Kultur des Mittelalters die Gestalt des Satans als Unterweltgottheit, die einer »Ästhetik [der] finstere[n] Hässlichkeit«[575] unterliegt, wie auch bei Hades oder Pluto. Dieses äußerliche Erscheinungsbild ist Gegenteil der Schönheits- und Lichtästhetik des Reiches Gottes und tritt mit viehischen Paraphernalien, wie Klumpfüßen, Klauen und Pelzen, auf. Weitere Merkmale der Ästhetik seiner Hässlichkeit sind der unerträgliche Schwefelgestank und seine entstellte menschliche Physiognomie. Als Begleiter von Satan erscheinen häufig niedere Tierarten, wie Schnabeltiere oder Ratten, Schlangen und Würmer.[576] Zusätzlich haftet ihm eine ausschweifende Neigung zur »omnipräsenten und multifunktionalen Sexualität«[577] an, die oftmals perfide Züge annimmt. Seine Figuration hat kein eindeutiges Bild, sondern tritt ambivalent in Erscheinung, aber seine Ikonografie zeigt seit der Renaissance eine rebellische Haltung.[578] Der Teufel weiß »um die Unaufhebbarkeit seiner Schuld«[579] hinsichtlich des Kampfes gegen Gott, möchte aber allem Übel zum Trotz weiter gegen ihn kämpfen.

Die Naturreligionen fragten nach den angstverursachenden Zuständen des Numinosen, sodass eine »Erklärung des Unerklärbaren herangezogen«[580] wurde und mythische Interpretationen als »Selbstschutz- und Alibifunktion«[581] dienten. Die Teufelslehre entwickelte sich aus einer langen

---

[574] Vgl. ebd.

[575] Ebd., S. 473.

[576] Vgl. ebd.

[577] Ebd.

[578] Vgl. ebd.

[579] Ebd.

[580] Gustav Bebermeyer: Artikel »Teufelliteratur«, in: Reallexikon der deutschen Literaturgeschichte 4 (Sl–Z), hrsg. v. Klaus Kanzog und Achim Masser, 2. Auflage, Berlin 1984, S. 367–403, hier S. 370.

[581] Ebd.

abendländischen Tradition heraus und wurde über die »Schriften der Kirchenväter«[582] vermittelt. Diese setzten sich mit dem »personifizierten Repräsentanten allen Unheils«[583] auseinander und boten eine literaturfähige Grundsituation für die im Mittelalter entstandenen Pseudoepigrafien. Die Lehre des Augustinus prägte die christliche Weltanschauung, aufgrund derer die Kirche die Teufelsgeschichten kanonisierte.[584] Die Hauptfunktion seiner literarischen Repräsentation basierte auf der Erforschung einer unergründlichen Unheilsmacht, die dem menschlichen Schicksal in bedrohender Weise gegenüberstand. Außerliterarisch konzipierten die Kirchenväter anhand seiner Figuration ein religiöses Feindbild, das zur Entlastung Gottes dienen sollte.[585] In ihm suchte man eine Erklärung für alles Unerklärliche, was mit einer gewissen Schuldkomplexität verbunden war, weshalb er als »Störe[r] des Heilsplans«[586] galt. Seine Figuration wurde somit zur »metaphorische[n] Personifizierung zeittypischer Laster«[587] herangezogen, sodass die literarische Aufarbeitung und Verbreitung einen didaktischen Zweck verfolgte, der zur Volkserziehung diente. Zu Beginn seiner Gestaltung war seine Figuration eher plastisch und materiell, weil seinem Charakter kein tiefgründiges psychologisches Konzept zugrunde lag.[588]

Die Teufel als »synthetische Misch-Monster«[589], die Bestien und Engel sind Bewohner des Jenseits und gehören zur Trinität des imaginären Raumes. Sie gehören zur »größten medialen Erfindung des Mittelalters«[590], und kündigen dem Visionär als »Attribut- und Assistenz-Figuren«[591] des Höllenfürsten die Strafen an, bevor sie exekutiv an seiner Seele ausgeführt werden. Die Jenseitsreise als Abschreckungsritual vor dem Bösen wird zu

---

[582] Ebd.

[583] Ebd.

[584] Vgl. ebd., S. 371.

[585] Vgl. ebd., S. 375.

[586] Ebd., S. 376.

[587] Ebd.

[588] Vgl. ebd., S. 376.

[589] Hartmut Böhme: Himmel und Hölle als Gefühlsräume, S. 70.

[590] Ebd. S. 70 f.

[591] Ebd., S. 70.

einer »Repräsentatio[n] von Angst und ihrer Bewältigung«[592]. Im Schauder können »auch eine Fülle von Lüsten mitbefriedigt«[593] werden, an denen sich »die im Leben geängstigten und gequälten Frommen [...] im Jenseits erfreuen«[594]. Die Angsterfahrung gehört zu dem »Primat der Religionen«[595], denn in ihr liegt »der Kern der Zivilisation«[596]. Als eine Art Folterritual für die mittelalterlichen Gläubigen ist die Verbreitung von Angst ein »Mittel der Unterwerfung«[597] und überwältigt die Opfer in Form von Schmerzfantasien. Die Qualen, die der Visionär erlebt, werden ihm über seine Sinneswahrnehmungen vermittelt.[598] Enge, Schmerz, Gestank und Lärm sind die Strafen, die er erleiden muss, sodass er von Anfang an »eine[r] außerordentliche[n] psychologische[n] Radikalität«[599] unterliegt, durch die die Qualen seiner Seele »ad infinitum verlängert werden«[600] können. Gesteigert wird die Exekution, die Tondolus' Seele durch die Teufel erfährt, in Form von »grandios psychotische[n] Phantasmen«[601] wie die obszönen Szenen einer pervertierten Wiedergeburt, die »Zerfleischung durch Geräte«[602] und die Vorstellung von einer mit dem Verdauungstrakt zusammenhängenden aggressiven Verschlingung. Die mit der Geburt in Zusammenhang stehenden Schmerzen sind Teil der höllischen Strafen und verweisen auf »die Vertreibung aus dem Paradies«[603]. Nach dem mythischen Gesetz ist die Geburt ein »Fluch der Sexualität«[604], wonach der Geburtsschmerz die Strafe für die menschliche Lust symbolisiert. Archaische Reflexe und anthropologische Generalisierungen gehören zu dem »herrschenden sadistisch-paranoischen

---

[592] Ebd., S. 66.

[593] Ebd., S. 67.

[594] Ebd.

[595] Ebd.

[596] Ebd.

[597] Ebd.

[598] Vgl. ebd., S. 70.

[599] Ebd.

[600] Ebd.

[601] Ebd., S. 71.

[602] Ebd., S. 70.

[603] Ebd., S. 72.

[604] Ebd.

Code der Hölle«[605]. Der Teufel als Schauspieler eines Gruseltheaters steht
im »Zusammenhang von mythische[n] Wiederholungsritual[en], sexuellen
Obsessionen und zeremonieller Performanz«[606].

> [V]nd wir kommend an ein stat do sach ich also ein grulich tier das hette czwen
> flugel vnnd gar einen langen hals vnnd einen breitten yserin schnabel/ vnnd [...]
> yserin clawen/ von sinem munde ging ein brinnende flam fures/ dz enkond nie-
> man verloschen Das tier ging vff ein pfutz/ der was mit yß gefroren vnd was selen
> es begriffen kond/ die verschland es al in sinem halß Vnd wan dan die armen
> selen warent in dem buch des tires zu nicht worden So spuwet sy dan das tier vß
> seinem mund in das pfutze/ Do wurdent sie anderwerb ernuwert zu nuwer pin
> Vnd alle die selen bed man vnd weib die in dem pfutze kamend vß dem tier die
> hettent alsammen tier schlangen vnd natern in irem leib entpfangen/ Der geburt
> mustent sie warten glicher weiß alß ein frauwe ein kind von einem man ent-
> pfahet/ vnd beitet mit schwerer burden der zit der geburt die ir gesetzt ist Also
> musten sie der zit irer geburt warten vnd wurden inwendig mit nater zungen
> zerbissen vnd vßwendig gepiniget in dem fulen pfutz mit grosser kelt wan dan
> die zit kam das die armen sele bed frauwen vnd man die schned frucht geberen
> solten So wart von in ein iemerlich geschrei/ das es erschal in den grund der
> hellen/ vnd nit allein geschach diß geburt vß den sitten nach dem vnd der natern
> natuer ist/ Sunder auch vß armen vß beinen vß hertzen vnd vß augen/ vß dem
> mund/ vnd vß den oren/ vß den sitten/ vnd vß allen glidern Vnd das von inen
> geborn wart/ dz warent natern vnd schlangen/ vnd hettent brinnende heupter
> vnd spitz schnebel/ do mit zerissent sie alle die stet do sie heruß brochent Diese
> natern vnd schlangen hatten auch gekrumpte schwentz alß vischangel/ Do mit
> sie im vß gan die armen selen zerrissen/ vnd doch mit den krummen angelen nit
> heruß mochten [...] die armen selen mit iren vergifften yserin schnebel das all ir
> adern vnd glider zerissen Vnd dan so ward das aller grost geschrey von natern
> vnd von den tieren Vnd sunderliche von den armen selen die die pin littent wer
> in den tufeln ie kein barmhertzikeit gewest/ es hete sie erbarmet.[607]

---

[605] Ebd.
[606] Ebd., S. 73.
[607] Nigel F. Palmer: Tondolus der Ritter, S. 63, Z. 554–562, S. 64, Z. 563–590, S. 65,
       Z. 591–593.

3.2.4 Läuterung, Buße und Konversion

Die Jenseitsreise führt den Visionär zur Grenz- und Heilserfahrung, indem das Jenseits als Ort der Erkenntnis zu einem kompensatorischen Erfahrungsraum wird. Der Reisende wandert durch Straf- und Läuterungsorte, muss währenddessen seine Sünden büßen und konvertiert aufgrund der Wegstruktur letztendlich zum christlichen Glauben. In der Hölle als Straf- und Läuterungsort fehlen göttliche Ordnungsstrukturen, die dem Visionär seelisches Leid zufügen. Die Jenseitsorte können als Kompensationsräume von Angst, Qual, Schmerz und Leid erfahren und gleichzeitig verarbeitet werden.[608] Die »Reihenfolge der Reiseorte [...] korrespondiert [...] mit der Verräumlichung und Prozessualisierung der Konversion«[609]. Dabei wandert die Seele »in einer Abwärts-Aufwärts-Bewegung«[610] von der Hölle in das himmlische Paradies. Die räumliche Darstellung verläuft synchron zu den Straf- und Läuterungserfahrungen, sodass es zu einem Bewusstseinswandel des Visionärs kommt.[611] Die Wende ist durch die »Phase des Wandels«[612] markiert, in dem die Läuterungsprozesse auf narrativer Ebene, z. B. anhand der Lehrgespräche mit dem Engel oder der Wegstrukturen, gespiegelt werden. So lässt sich im Verlauf der Konversionserzählung eine Reihenfolge erkennen (Vorher, Wende, Nachher), die den Bewusstseinswandel des Visionärs im Räumlichen verortet. Die *Vision des Tondolus* unterscheidet sich von anderen Visionen, weil sie durch eine Veränderung des visionären Bewusstseins konkret möglich wird. Dieser fundamentale Bewusstseinswandel wirkt nach der Rückkehr auf kompensatorische Weise auf das Leben im Diesseits zurück.[613] Grund dafür ist die Grenzerfahrung, die im »Kontaktbereich von Transzendenz und Immanenz«[614] erlebt wird. Das Erlebnis von Liminalität kann demnach Bewusstseinsveränderungen möglich machen und den Visionär zur Konversion führen.[615]

---

[608] Vgl. Julia Weitbrecht: Aus der Welt, S. 152.

[609] Ebd., S. 153.

[610] Ebd.

[611] Vgl. ebd.

[612] Ebd.

[613] Vgl. ebd.

[614] Ebd.

[615] Vgl. ebd.

Aufgrund der Abfolge von Straf- und Reueerfahrung wächst die Erkenntnis des Visionärs sukzessive an. Die immer schärfer werdenden Strafen steigern zusätzlich die Konversionserfahrung.[616] Moralische Subjektivität und Selbstsorge sind die Erkenntnisse, die ihn zur Einsicht und Reue geleiten. Der Weg der Reue führt durch einen ins Absolute gesteigerten pathischen Raum der Leibesempfindung, in dem eine spiegelnde Proportion zwischen Sünde und Buße besteht.[617] So werden die Pfaffen, Mönche und Klosterfrauen, die auf der Erde ihren lustvollen Liebessünden nachgingen, nun in der Hölle dafür bestraft. Als Tondolus begreift, dass selbst die dienenden Kleriker Gottes in der Hölle für ihre im Diesseits begangenen Sünden büßen müssen, beginnt in ihm ein Erkenntnisprozess, der ihm die zerstörerischen Folgen einer Abkehr vom Glauben an Gott, von der Kirche und dem Kloster als Exempel für eine menschlich-moralische Entwertung vorführt.[618]

Do ich die iemerlich pin alle ersach Do sprach ich zu dem engel Ich bite dich liber her sage mir wz hant die armen selen gesundiget die dise grosse pin lident Do antwurt mir der engel nun han ich dir kurtzlich geseit/ dz geistlich lut die got geert hat an kunsten vnd an vil guter werck/ geistlich vnd weltlich lut die in einem gotlichen leben/ vnd in vorchten vnd in danckberkeiten der gnaden gottes gelebt hant/ das der frod wirt groser sein in dem himelrich/ dan ander lut die da vbertretent vnd lebent on gotlich vorcht vnd hant vil gaben entpfangen hie vff ertrich von got/ als kunst vnd gut vermanung/ vnd deren glich vnd gebruchent der nit zu der eren gottes/ vnd versument sich hie vff erden on ruwen So wurt ir pin auch dort grosserer dan ander lut die wenig gaben vor got hant entpfangen Herumb das pfaffen/ Closterfrauwen/ Tumherren/ Minch/ geistliche lut/ die in einem geistlichen kleid sint got der grossen genaden nit danckbar seint/ vnd ein suntliche leben furen mit vnkuscheit hochfart vnd mit andern sunden Darumb komment sie alle in diese pine/ Hie in werdent alle ir glider zerrissen von natern vnd von schlangen Sele du solt wissen dz [...] dise pin auch eigentlich deren ist die vff erden vnkuschlich leben Es sy fraw oder man/ sy sind geistlich oder weltlich Herumb das du vff erden vnkuschlich gelebt hast darumb kanstu mit nicht diese gegenwurtig pin vermiden Du must ietzunt dar in/ zu hant stundent me dan hundert tusent tufel die begriffent

---

[616] Vgl. ebd., S. 166.

[617] Vgl. Hartmut Böhme: Himmel und Hölle als Gefühlsräume, S. 68 f.

[618] Vgl. Nigel F. Palmer: Tondolus der Ritter, S. 63–66.

vnd gabent mich dem selben tier/ das verschland mich/ was pinen ich do leid
was iemerlich vnd vnusprechlich Do es kam an die geburt/ das ich vß allen
gliedern natern vnd schlangen gewinnen solt.[619]

Die Bewegung durch die »Ort[e] der Erfahrung und der Erinnerung«[620]
führen den Visionär zur Erkenntnis und schließlich zur Konversion. Als
Tondolus mit seinem Reisebegleiter die letzte Mauer erreicht, erblickt er unter den Strahlen der Sonne das ganze Erdreich. An dieser Stelle verschränkt
sich seine Wahrnehmung, und er sieht die Qualen und Läuterungen seiner
Seele aus der Retrospektive. Aufgrund der strategischen Vermittlung von
Gefühlsräumen gelangt er zu der Erkenntnis, dass niemand barmherziger
sein kann als Gott, dass alle Kreaturen gleich sind und im Jenseits ihre ge-
rechte Strafe oder Freude erfahren. Die Offenbarung, die er an der Grenze
zum himmlischen Paradies erfährt, führt ihn zu einem Sinneswandel, sodass
er nach seiner Rückkehr ins Diesseits die Kommunion empfängt und den
Armen alles zu geben bereit ist, was er entbehren kann.[621]

Vnd do dis der engel zu mir gesprach da kert ich mich vmb vnd do ich mich bewegt da enpfand ich dz ich beladen wz mit der sweren birdi minß lichnamß in einem einigen augenblick vnd tet krenklich mein augen vff vnd sach dy priester dy
vmb mich sassent vnd warend dri tag gesessen. [...] Do wart mir gottes lichnam
gegeben vnd den entpfing ich mit grosser danckberkeit vnd ich gab armen luten
wz ich het/ vnd zeichet mein kleider mit de heiligen crutz vnd offenbart alles dz
ich gesehen hat oder gehort/ Vnd manet all lut dz sy ein gut leben furtent vnd
horten gern gottes wort/ dz ich verschmahet het zu horren/ Dz begund ich zu
verkunden vnd zu sagen/ Vnd begund die lut zu manen vnd prediget in dz wort
gottes dz mir vor vnkundig was/ mit grosser innikeit/ weißheit vnd einualtikeit/
Allen luten zu nutz vnd zu frommen/ vnd hut mich vor sunden vnd vbet mich in
tugende wan ich was fast gebrant dz lag mir stetiglich in meinem mut/ Herumb
sollent wir vns stetiglich vor sunden hutten/ vnd hant wir sund gethon die sollen
wir hie bussen vff erden/ wan eß spricht der spruch eß ist vill besser dingen vß
dem stock wan jn dem stock/ wer nun diß geschychtes nit gloubt wan er gern

[619] Ebd., S. 65, Z. 595–616, S. 66, Z. 617–628.

[620] Christoph Wulf: Jenseits im Diesseits. Körper – Andersheit – Phantasie, in: Paragrana 7
      (1998) 2, S. 11–23, hier S. 13.

[621] Vgl. Nigel F. Palmer: Tondolus der Ritter, S. 76–88.

gloubet so ist es zu spot vnd zu lang gebeitet O her himelscher vatter wir armen wollent dir alzit gern dancken das du vns disse pin zu frommen geoffenbart hast wan wir glaubent dz alle sund antweders hie oder dort gepiniget wurt Vnd hast es verborgen den weisen vnd den edeln vnd den richen dieser falschen welt die diß nit glaubent des bistu gebenediget vnd gelobt yemer vnd yemer ewiglich on ende.[622]

Grenz- und Heilserfahrungen, die bei echten Visionen erlebt werden, sind häufig »durch ihre Detailfreudigkeit und Plastizität in der Raumschilderung charakterisiert«[623]. Gerade die sinnliche Erfahrung von Schönheit und Herrlichkeit führt in der Paradiesschilderung zu einer »visuellen Erfaßbarkeit [...] der Glaubenswelt«[624]. Auch die Erfahrungen von »Größe [...], [...] Material und Konstruktion«[625] prägen die Plastizität der Jenseitsgefilde. Kristalle und Edelsteine sind Stoffe der Lichtreflexion.[626] Das Licht steht symbolisch für »[a]lles Gute, Göttliche [und] Schöne«[627], und ist in mittelalterlichen Himmelsdarstellungen fester Bestandteil der Raumplastizität. Das »Abbild des Universums«[628] im Visionsbericht ist ein Versuch, den Mythos vom Himmel in einem schaubaren Kulturraum real zu machen. Während die Visionäre des Typus I die Jenseitsorte auf eschatologische Weise als ›Visio loca‹[629] betrachten, in dem diese »ausführlich, plastisch und detailreich«[630] darüber berichten, sehen im Gegensatz dazu die Visionäre des Typus II (überwiegend die Mystiker) »nur ein[en] Raum«[631], der eher »undifferenziert und blass«[632] erscheint. Weil bei den Mystikern der Unsagbarkeitstopos und die Abstraktion der Bilder

---

[622] Ebd., S. 87, Z. 1312–1321, S. 88, Z. 1322–1343.

[623] Peter Dinzelbacher: Vision und Visionsliteratur im Mittelalter, Stuttgart 2017, S. 240.

[624] Ebd., S. 241. Rechtschreibung im Original.

[625] Ebd.

[626] Vgl. ebd.

[627] Ebd.

[628] Ebd., S. 242.

[629] Vgl. ebd., S. 246. Hervorhebung im Original.

[630] Ebd., S. 251. Kursivschrift im Original.

[631] Ebd. Kursivschrift im Original.

[632] Ebd. Kursivschrift im Original.

im Vordergrund stehen, können ihre Visionen als ›Visio intellectualis‹[633] gedeutet werden.

3.3 Die Jenseitsfahrt als peregrinatio

Die *Meerfahrt des St. Brandan* ist eine Jenseitsfahrt, die der Vermittlung göttlicher Weisung dient.[634] Die religiöse Pilgerfahrt stammt, religionsgeschichtlich betrachtet, überwiegend aus dem archaischen Schamanismus und den »alten semitischen Hochkulturen«[635]. Überliefert sind sie aus mesopotamischen Mythen, dem *Alten Testament*, den apokryphen Schriften, der *Tora* und dem *Neuen Testament*.[636] Initiationsriten und die Jenseitsfahrt standen »im Zentrum der schamanistischen Kulte«[637]. Im Unterschied zur Jenseitsreise beschäftigt sich die Jenseitsfahrt in erster Linie nicht mit den jeweiligen Stationen der Fahrt, sie ist vielmehr als »das jenseitige Ziel der Reise«[638] anzusehen, wohingegen die Jenseitsreise »den Vorgang des Reisens selbst«[639] thematisiert. Der Schamane als ältester Seelenführer und Vermittler zwischen der diesseitigen und jenseitigen Welt konnte seinen Körper im Traum oder in Trance verlassen und seine Seele freisetzen.[640] Das Ziel war die Erkundung und Kontaktaufnahme »mit den überlegenen Wesen der anderen Welt«[641]. Spätere Religionen ersetzten den Schamanen durch andere Mittlergestalten, z. B. durch Propheten, Priester oder Könige. Dennoch ist das Erbe des Schamanismus bei der Ablösung durch andere Vermittler nicht gänzlich erloschen.[642] Erhalten geblieben sind »die Jenseitsfahrt und die

---

[633] Ebd. Hervorhebung im Original.

[634] Vgl. Bernhard Lang: Die große Jenseitsfahrt, in: Paragrana 7 (1998) 2, S. 24–42, hier S. 26.

[635] Ebd., S. 42.

[636] Vgl. ebd.

[637] Ebd., S. 24.

[638] Ebd.; zitiert nach Anm. 1.

[639] Ebd.

[640] Vgl. ebd., S. 24.

[641] Ebd.

[642] Vgl. ebd., S. 25.

Verwandlung des Amtsträgers«[643], der mit charismatischen Fähigkeiten ausgestattete Vermittler beider Welten. Die Jenseitsfahrt diente als Vorgang der
»Verleihung des großen oder kleinen Charismas«[644]. Das große Charisma
blieb den Königen vorbehalten, während das kleine Charisma den Propheten
und Priestern zugestanden wurde.[645] Bernhard Lang vertritt die Auffassung,
dass es gerade die archaischen Religionen waren, die im Unterschied zu den
Buchreligionen auf neue Strategien der Offenbarung angewiesen waren. Die
schriftlich festgesetzten Überlieferungen der Offenbarung Gottes, z. B. die
von Mose aus der *Tora*, machen die Jenseitsreisen überflüssig.[646] Aber selbst
in den schriftlich überlieferten Werken der *Hebräischen Bibel* (560 v. Chr.)
klingen archaische Elemente »von der Seelenfahrt de[r] Propheten«[647] an,
die mit dem Gott Jahve und der babylonischen Gefangenschaft der judäischen Könige in Verbindung stehen und eine Jenseitsfahrt ins babylonische
Exil voraussetzten.[648] Aus den alttestamentarischen Prophetenbüchern sind
Jenseitsfahrten häufig überliefert, z. B. von den Propheten Micha, Jesaja und
Jeschua.[649] Ihre Weissagungen stehen in Zusammenhang mit Himmels- und
Berufungsvisionen, die »eine[r] nicht-deuteronomische[n] Konzeption des
judäischen Königtums«[650] entgegenstehen. Das *Neue Testament* überliefert
ein weiteres Zeugnis der frühchristlichen Jenseitsreise, die aber vielmehr eine
Entrückung ins Jenseits darstellt als eine Jenseitsfahrt über das ungebändigte
Meer.[651]

Die Jenseitsfahrten zeigen zwei klassische Muster der Reise, die sich deutlich voneinander unterscheiden: Die große Jenseitsfahrt ist ausschließlich

---

[643] Ebd.

[644] Ebd.

[645] Vgl. ebd.

[646] Vgl. ebd. S. 26.

[647] Ebd., S. 28.

[648] Vgl. ebd., S. 27 f.

[649] Vgl. ebd., S. 28 f.

[650] Ebd., S. 29.

[651] Vgl. ebd., S. 37; vgl. *2. Korinther, Kap. 12, Abs. 2–4*, in: *Bibel. Neues Testament mit Psalmen Sprüchen, revidierte Fassung v. 1984, hrsg. v. der Evangelischen Kirche in Deutschland,
Stuttgart 1999 (Text der Lutherbibel), S. 390*; Apostel Paulus berichtet von einem christlichen Menschen, der in den Himmel entrückt worden ist und dort die Stimme Gottes
empfangen hat.

Königen vorbehalten, während die kleine Jenseitsfahrt von Priestern und Propheten unternommen wird.[652] »[D]ie Erlebnisse der Jenseitsfahrer«[653] unterscheiden sich darin, dass die Gruppe der kleinen Jenseitsfahrten »als Sprecher Gottes unter den Menschen auftreten«[654], wohingegen die Könige der großen Jenseitsfahrten während ihrer Inthronisierung den Götterberg besteigen und demnach selbst zu Göttern werden.[655] Ziel der kleinen Jenseitsfahrt ist es, die Priester und Propheten »vom Makel menschlicher Sünde«[656] zu befreien, um ihnen mit gutem Gewissen ihr Amt zu überlassen. Genauso wie die alttestamentarischen Propheten von Gott dazu bewegt wurden, ihm als Hohepriester gegen die finstere Macht Satans zu dienen, wurde auch St. Brandan auf seiner Meerfahrt dazu angeleitet, das Schiff mit den Insassen vor dem Kentern zu bewahren.[657]

> D[o] nun sand Brandon von den selen k[ô]m, do k[ô]m ein groß strum weter vnd ain windt, der warff sy fer in das cleber m[ô]r, das sye vil nahent darinn weclebet waren, wan das in dem m[ô]r vil kiel ertruncken lagen vnd ragten dye segelpaum auß den schiffen vber das m[ô]r. der was als vil, als sam ein wald nider gehauen wâr. do bat sand Brandon vnsern herren, das er in weyset auff das best. do k[ô]me ain stim von got: »far on sorg! got ist mit dir. vnd ker dich zů der gerechten handt auff das m[ô]r! wan ferst dů zů der gelincken hant, so bist dů verloren, wan do leyt ain stain, der zeücht alles eysenn, das zů im k[ô] men mag, vnd hat auch kyel verderbt mit leüten vnd mit gut. der selbig stain ist genant Mangnet.« vnd do das h[ô]rt sand Brandon, do kert er zů der gerechten handt mit seinen kiel vnnd fuer gen ainer stainswant vnd vellsen, do stund gar ein sch[ô]nes Munster auff. do hyeß sand Brandon das schieff heff-

---

[652] Vgl. ebd., S. 29.

[653] Ebd.

[654] Ebd.

[655] Vgl. ebd., S. 30; *vgl. Psalmen, Kap. 2, Abs. 6–7, in: Altes Testament. Die Bücher der Lehrweisheit und die Psalmen, URL: http://www.bibel-verse.de/kapitel/Psalmen/2.html [letzter Zugriff am: 02.02.2023];* der König wird als Sohn Gottes auf dem »heiligen Berg Zion« eingesetzt.

[656] Ebd., S. 30.

[657] Vgl. Rolf D. Fay: Sankt Brandan, S. 10-13.

ten vnd gieng allain auff den berg vnnd kam da in das Münster. darin warent allezeyt, tag vnnd nacht, siben gar heyliger Brůder, dye dienten got gar seer.[658]

Gerhard E. Sollbach sieht *St. Brandans Meerfahrt* als »[c]hristliche Mönchs-Odyssee«[659], bei der es um die »Suche nach dem Verheißenen Land der Heiligen«[660] geht. Dabei erlebt der Mönch mit seinen Schiffsgefährten zahlreiche Gefahren und Abenteuer.[661] Die außergewöhnliche Rahmenerzählung steht im Zeichen der alttestamentarischen Schöpfungsgeschichte und handelt vom Unglauben an die Wunder Gottes. Nachdem St. Brandan das Buch der Schöpfungsgeschichte voller Zorn verbrannt hatte, wurde er von einem Engel auf die Reise geschickt, um die Wunder selbst zu sehen. Auf diese Weise soll er für sein ungläubiges Verhalten büßen. Der Mönch erlebt auf seiner Irrfahrt genau das, was er in dem Buch gelesen hatte, bevor er es verbrannte. Er trifft auf einen riesigen Wal, der einen Wald auf seinem Rücken trägt. Er begegnet den alttestamentarischen Propheten Henoch, Elias und Judas, in denen er sich selbst als Leugner der Schöpfung Gottes wiedererkennt. Im Zeichen seines Irrtums und als Wiedergutmachung schreibt er während seiner Jenseitsfahrt einen Bericht, den er seinem Kloster in Irland zur heiligen Messe zur Verfügung stellt. Gott verzeiht ihm seine Sünden, und er verstirbt in aller Seligkeit im Kreise des Mönchtums.[662] Elisabeth Schmid und Clara Stijbosch sehen den Dreh- und »Angelpunkt der Handlung«[663] im Zusammenhang mit der »auf halber Strecke«[664] geschauten Himmelsvision und St. Brandans Fürbitte an Gott, in seine Heimat zurückkehren zu dürfen. Dies ist ein »Indiz für eine gedoppelte Handlungsstruktur der *Reise*«[665], die zuerst Gottes Allmacht und später seine Gnade aufzeigt.

---

[658] Ebd., S. 10, Z. 6, S. 11, Z. 1–22.

[659] Gerhard E. Sollbach: St. Brandans wundersame Seefahrt. Nach der Heidelberger Handschrift Cod. Pal. Germ. 60, 1. Auflage, Frankfurt am Main 1987, S. 14.

[660] Ebd.

[661] Vgl. ebd.

[662] Vgl. Elisabeth Schmid/Clara Strijbosch: Sankt Brandans Reise, S. 124.

[663] Ebd., S. 125.

[664] Ebd.

[665] Ebd. Kursivschrift im Original.

Julia Weitbrecht sieht den zentralen Unterschied von Jenseitsreisen und Jenseitsfahrten in der gegensätzlichen Raumkonzeption, bei der die Regionen der Heils- und Läuterungsräume »nicht klar differenziert«[666] sind. In der *Navigatio* liegt vielmehr eine »Überblendung der Räume«[667] vor, die nicht mit einer Konversion und einem Bewusstseinswandel einhergehen, so, wie es bei der *Vision des Tondolus* in Zusammenhang seines Läuterungsprozesses steht. Die *Navigatio* kann deshalb als »*stabilitas in peregrinatione*«[668] bezeichnet werden, also als eine in der Fremde erlebte Pilgerfahrt mit Heilsgewissheit. Während des monastischen Lebenswandels in der frühchristlichen Zeit gehörte die peregrinatio zu einem Konzept der neutestamentarischen Forderung, die mit dem Erlebnis in der Fremde einherging.[669] Dabei musste der Fremde (lat. peregrinus) seine Heimat verlassen, um anschließend wieder »zu Gott finden zu können«[670]. In Irland stand das Konzept der peregrinatio in der Tradition der »asketischen Lehren der Wüstenväter«[671] und fungierte als ›imitatio Christi‹, bei der das Leid in der Isolation erduldet werden musste, um die Hingabe zu Gott zu bewahren. Die *Meerfahrt St. Brandans* ist streng genommen keine Jenseitsreise, weil sie in »eine[m] immanent-geographischen Raum«[672] stattfindet, der die heterotope Vorstellung des Jenseitsraums mit seinen Schwellenübergängen, Öffnungen und Schließungen nicht miteinbezieht. Es handelt sich also nicht um »eine[n] exklusiven Kompensationsrau[m]«[673], sondern um einen in der Fremde liegenden »Teil des Diesseits«[674]. Der Heilsstatus des Protagonisten steht somit während der *Navigatio* nicht infrage, vielmehr bewegt er

---

[666] Julia Weitbrecht: Aus der Welt, S. 183.

[667] Ebd. *St. Brandans Meerfahrt* ist in zwei unterschiedlichen Versionen überliefert. Die ›Navigatio‹ (8.–10. Jh.) wird als ursprüngliche Version der ›Reisefassung‹ (12. Jh.) betrachtet.

[668] Helmut Brall: Vom Reiz der Ferne. Wandlungen eines Vorstellungsschemas in Geschichtsschreibung und Dichtung des Mittalalters, in: Das Mittelalter 3 (1998), S. 45–61, hier S. 57, zitiert nach: ebd., S. 184. Kursivschrift im Original.

[669] Vgl. Julia Weitbrecht: Aus der Welt, S. 183.

[670] Ebd., S. 183 f.

[671] Ebd., S. 184.

[672] Ebd., S. 187.

[673] Ebd.

[674] Ebd.

sich mit einer Heilsgewissheit durch den Raum, die er von »Gott [...] als Helfer und Steuermann«[675] erhält. Im Unterschied zur *Vision des Tondolus* findet in der *Navigatio* keine Läuterung statt, hingegen eine Bewährung des Heiligen.[676] Dennoch weist der immanente Raum »deutliche jenseitige Qualitäten«[677] auf, die in Form von Strafe und Buße sukzessiv vollzogen werden und durch Erscheinungen markiert sind. Das »Aufgehobensein in Raum und Zeit«[678] gilt in der *Reisefassung* St. Brandans nicht mehr, sodass ein enger »Zusammenhang von Weg, Buße und Erkenntnis«[679] besteht. Im Fokus der Diskussion um die *Reisefassung* steht die Frage nach der Erzählstruktur und ihrer »Kohärenz und Intention«[680], weniger die Funktion der Heilsräume. Die Intention für die Umgestaltung der *Navigatio* in die *Reisefassung* scheint mit dem Glaubensproblem des Mönchtums und der unterschiedlichen Möglichkeiten zur Auslegung der Heiligen Schrift zusammenzuhängen.[681]

Sebastian Holtzhauer nennt »die Symbolik des Wassers«[682] als Hauptfunktion der Semantik und Narration der Meerfahrt. Das Wasser als sinnstiftendes Symbol dient dem Subjekt als Grundbedingung seiner Natur. Es ist nicht nur lebensspendend, sondern Träger der Kommunikation.[683] »[D]as Wasser als Ursprung des Lebens«[684] spielt im Christentum eine spezifische Rolle innerhalb der Schöpfungsgeschichte, ebenso bei der Taufe und dem damit verbundenen Eintritt in ein neues Leben. Speziell an der »Sint-

---

[675] Ebd.

[676] Vgl. ebd.

[677] Ebd.

[678] Ebd., S. 195.

[679] Ebd.

[680] Ebd.

[681] Vgl. ebd.

[682] Sebastian Holtzhauer: Die Fahrt eines Heiligen durch Zeit und Raum. Untersuchungen ausgewählter Retextualisierungen des Brandan-Corpus von den Anfängen bis zum 15. Jahrhundert: mit einer Edition der Münchener Prosafassung der 'Reise des hl. Brandan', masch. phil. Diss., Göttingen 2019 S. 426.

[683] Vgl. Karl Matthäus Woschitz: Fons vitae – Lebensquell. Sinn- und Symbolgeschichte des Wassers, Freiburg i. Br. 2003 (Forschungen zur europäischen Geistesgeschichte 3), S. VII (Vorwort).

[684] Sebastian Holtzhauer: Die Fahrt eines Heiligen durch Zeit und Raum, S. 428.

flut als Erzählmotiv«[685] lässt sich »die semantische Ambivalenz des Wassers«[686] erkennen. Das Wasser als vieldeutiges Symbol steht nicht nur für die
»Geborgenheit und Imagination«[687] des Paradieses, sondern gilt ebenso als
»Sinnbild [...] apokalyptischer Szenarien«[688]. Die Metapher der Schifffahrt
steht direkt in Bezug zum Leben und ist »Medium der Fortbewegung und
Kommunikation«[689]. Der Informationsfluss wird durch Kreaturen gestört,
die die Reise zu einem gefährlichen und lebensbedrohlichen Abenteuer machen.[690] Für das gute »Gelingen der Reise«[691] sind die mit dem Wasser in
Verbindung stehenden Helferfiguren existenzsichernd, und bieten ein zei-
chenhaftes Potiential für die unversehrte Rückkehr der Jenseitsfahrer. Wie
zu Beginn der Meerfahrt deutlich wird, hängt das Leben des Heiligen und
seiner Gefährten von dem Bau des Schiffes nach Noahs Art ab. Die unfreiwillige Meerfahrt steht demnach in einem Zusammenhang mit der Tradierung der Schöpfungsgeschichte ins frühe mittelalterliche Christentum und
der damit verbundenen Bekehrung der volkstümlichen Laien.[692]

Besonders bei den Kelten stand der rituelle Charakter des Wassers mit
seiner Macht zur Heiligung in Verbindung.[693]

> So veranschaulichen Quellen, Bäche, Flüsse, Ströme, das sprudelnde und flie-
> ßende Wasser den Kelten die tief verwurzelte Einsicht vom ewigen Fluss aller
> Dinge, von der Wandlung und Verwandlung allen Lebens, der Welt und des Kos-
> mos. Entspricht das fließende Wasser dem individualisierten Leben in der realen
> Welt, so imaginiert der See und in größerem Maße das Meer das Sammelbecken
> aller Lebensmöglichkeiten, d. h. das, was die Kelten unter dem Mysterium des
> Todes verstanden.[694]

---

[685] Ebd. *u. vgl. 1. Buch Mose (Genesis), Kap. 7, Abs. 10-24 u. Kap. 8, Abs. 1-14.*

[686] Ebd.

[687] Karl Matthäus Woschitz: Fons vitae – Lebensquell, S. 3.

[688] Ebd.

[689] Sebastian Holtzhauer: Die Fahrt eines Heiligen durch Zeit und Raum, S. 429.

[690] Vgl. ebd., S. 430.

[691] Ebd.

[692] Vgl. Rolf D. Fay: Sankt Brandan, S. 2 f.

[693] Vgl. Karl Matthäus Woschitz: Fons vitae – Lebensquell, S. 632.

[694] Ebd.

Mit dem Wasser als Symbol sind Transformationsprozesse, heilsgeschichtliche Komponenten und »zahlreich[e] religiös-rituell[e] Handlungen«[695] verbunden, die als Exempel für die Mönchsgemeinschaft fungierten.

3.3.1 St. Brandan der Seelenführer

Die kleine Jenseitsfahrt St. Brandans steht nicht nur in der Tradition der ältesten (semitischen) Hochkulturen, sondern ist ebenso Abbild des keltischen Seelenwanderungsglaubens.[696] In der indogermanischen Vorstellung war die Seele etwas, »das den Körper transzendiert«[697]. Nach diesem Lebensprinzip waren »die Väter im Jenseits [...] mit den Nachkommen im Diesseits«[698] verbunden. Die etymologische Herkunft des Wortes ›Seele‹ geht auf den altindischen Sprachraum zurück und basiert auf dem »altindische[n] Substantiv *ásu-*«[699], das »mit Leben, Existenz, individuelle Existenz (auch nach dem Tode)«[700] übersetzt werden kann. Die Stammbildung ›ásu‹ findet sich auch in ›hassu‹, der »Bezeichnung für ›Sohn‹ sowie in Ableitungen für ›Nachkommen, Enkel‹«[701] wieder und bedeutet ›gezeugt‹. Eine weitere Bedeutung von ›ásu‹ findet sich im Indoiranischen ›ásuniti‹ im »Motiv des Seelengeleites«[702] und bedeutet »Führung des *asu-* [Sohnes]«[703]. Weitere etymologische Bedeutungen des Begriffs ›Seele‹ befassen sich mit den menschlichen Sinnen und ihrer Körperfunktion, u. a. mit »verschiedene[n] Bezeichnungen der Hauch- und Atemseele«[704], z. B. bedeutete das vedi-

---

[695] Sebastian Holtzhauer: Die Fahrt eines Heiligen durch Zeit und Raum, S. 464.

[696] Vgl. Heiner Eichner: Indogermanische Seelenbegriffe, in: Der Begriff der Seele in der Religionswissenschaft, hrsg. v. Johann Figl und Hans-Dieter Klein, Würzburg 2002 (Der Begriff der Seele 1), S. 131–141, hier S. 136.

[697] Ebd.

[698] Ebd.

[699] Ebd. Kursivschrift im Original.

[700] Ebd. Zusatz im Original.

[701] Ebd., S. 137.

[702] Ebd., S. 138.

[703] Ebd.

[704] Ebd., S. 141.

sche Wort ›ātmán‹ ›das Selbst‹ und ist mit dem deutschen Wort ›Atem‹ etymologisch verwandt.[705] Die beiden Begriffe lat. ›anima‹ und griech. ›ánemos‹ (Hauch oder Wind) sind ebenfalls mit ›Atmen‹ verwandt.[706] Damit steht der Seelenbegriff im gesamten indogermanischen Sprachraum eng in Zusammenhang mit dem natürlichen Bedürfnis des Menschen nach einem Leben nach dem Tod.[707] St. Brandan als Seelenführer begegnet auf seiner Jenseitsfahrt mehreren verstorbenen Seelen, die er aus ihrer Notlage zu befreien versucht, indem er Gott um Hilfe bittet.[708]

> Do k[ô]m sand Brandon in dy vierden not vnd k[ô]m auch zü ainen andern fegfeüer: [...] H[j]e nach stat geschriben, wy daß sy kommen an ein andre stat, do funden sy ainen grossen see, darumb da lieffent gayst als groß als menschen. do fragt sy sand Brandon, was sy do teten. do sprach ein sel: »o we, Brandon! wir sein in grossem laid vnd mussen das haben vnz an den iungsten tag von grossem frost, hunger vnnd dürst vnd auch hicz, durch das wir also wenig erbarm haben gehebt vber dy armen menschen, vnd thut vns der hunger vnd der durst vnd auch dy hicz so inniclichen we, das kaum ein grosser we mag gesein, vnd wy nahent vns der Se ist, so mügen wir sein doch nit gewinnen, das wir vns darmit erlaben vnd erkülen. O we, lieber Brandon! bit got, das er vns von disem bitternn leiden erledig durch seiner grossen marter willen!« Do bat sand Brandon vnsern herren, das er den armen selen erlaubt, daß sie sich mit dem wasser erkülten. Des gewert in got vnd vergund den selen, das ein yetliche ainen guten trunck tet auß dem Se vnd das ytlichs mit seiner hand ainen gůeß deß wassers auf sein haupt thet. Da naygten dy sel sand Brandon genediclich vnd dankten im vleissiclich vnd seer, darumb das er ine dy genad vnd den trunck vmb got erworben het. Da

---

[705] Vgl. ebd.; zitiert nach Anm. 24; »Ahd. *âtum* (8. Jh.), asächs. *âdhom.* ae. *aeam*, afries. *êthma*«; Kursivschrift im Original.

[706] Vgl. ebd.

[707] Vgl. ebd.; neben »den üblichen Seelenbegriffen« existieren auch Begriffe der »Hauch- und Atemseele« sowie »Sexual- und Zeugungsseele«.

[708] Vgl. Rolf D. Fay: Sankt Brandan, S. 7–10 (Rettung verstorbener Seelen), S. 13–15 (Begegnung mit der Seele eines heiligen Menschen), S. 30–33 (Begegnung einer schwebenden Seele), S. 33–40 (Begegnung mit dem Sünder Judas), S. 42–54 (Begegnung mit verstorbenen Seelen im Paradies), S. 65–66 (Seelenheil des St. Brandans).

schied sand brandon von in, vnd da er von danen k[ô]m, do schreien dy armen seel im also inniclichen nach, das es ine also seer erbarmet, das ime sein augen vbergiengent.[709]

Der keltische Jenseitsglaube war vielmehr ein Glaube an die andere Welt. Den antiken Vorstellungen nach lag diese Schattenwelt nicht in der Tiefe, sondern an einem inselkeltischen Ort, der sich im Westen befand.[710] Im Wiedergeburtsglauben lag eine gewisse Todesverachtung, die mit der Vorstellung verbunden war, dass »der wiederinkarnierte Geist nicht zweimal unter genau den gleichen Umständen leben«[711] konnte. Historische Belege zeigen, dass »Geldgeschäfte und Kreditrückzahlungen«[712] im nächsten Leben beglichen werden konnten, was von antiken Autoren als »heroische Naivität der Kelten«[713] interpretiert wurde. Die Seelenwanderungslehre und der inselkeltische Inkarnationsglaube lassen sich auch in der »Metempsychosis [...] nichtmenschliche[r] Gestalten«[714] erkennen. Dabei handelte es sich überwiegend um die Verwandlung zum Tier oder Baum; auch die Inkarnation in Gestalt eines Propheten war für die Kelten vorstellbar.[715] Die Meerfahrt steht ganz im Zeichen des »[d]ruiden und keltische[n] Seelenwanderungsglaube[ns]«[716], der mit einer Vorstellung der Endlosigkeit des Lebens in Form von Mensch- und Naturinkarnationen verbunden war. St. Brandan als Seelenführer ist während seiner Reise der geistlichen Vermittlung von Wahrheit, Weisheit und Vernunft zwischen den Menschen und Gott verpflichtet.[717]

Hye k[ô]m Sanndt Brandon Jn ainen waldt, der was auff ainem visch gewachsenn: [...] D[a]rnach kummet sie mit irem schiff in ainen waldt, der was grün vnnd minniclich. do merten sye ire schiff vnd giengen in den waldt vnd lassen

---

[709] Ebd., S. 7, Z. 14–15, S. 8, Z. 1–7, S. 9, Z. 1–20, S. 10, Z. 1–3.

[710] Vgl. Helmut Birkhan: Druiden und keltischer Seelenwanderungsglaube, S. 145.

[711] Ebd., S. 149.

[712] Ebd.

[713] Ebd.

[714] Ebd., S. 150.

[715] Vgl. ebd., S. 151.

[716] Ebd., S. 143.

[717] Vgl. Rolf D. Fay: Sankt Brandan, S. 1 f. (Verbrennung des Buches der Wunder).

do vnd samelten holcz zw ainem feůr, vnnd kam ir ainer an ainen dürren paum
vnd wolt den abhauen. vnd da er in den paum hauet, do ward der waldt ey-
tell wasser vnd gieng der waldt vast vnder, Also das sie kaum wider in ir schiff
mochten kummen, wan der waldt gieng gar vnder. Do sprach sandt Brandon:
»das ist recht der visch ainer gewesen, von dem ich gelesen hab in dem buch,
das ich verprent hab, die so groß vnd so alt sind, das auff irem rucken vnd
schwarten groß weld wachssen. daran hab ich nun wol die warhait gefunden.«
vnd do der walt vntergieng vnd sich der visch also vndertat, do k[ô]men so
groß wind auff das mer, das sie vil nahent ertruncken werent, wan das sie got in
seiner hůet het. »waffen,« sprach sandt Brandon, »wol ist der visch so uil iar
alt, das diser waltt so groß auff im gewachssen ist.« Da baten sie vnsern herren,
das er in etwenn zw land hülff.[718] [...] »Brandon, du hast manig wunder vnd
land erfaren. Nun hat dich got, den du vns hieuor nennest, her gesandt; Aber
du solt wissen, das wir got ettwann paß erkannten dann du. do er in seiner
mayestat saß, Do warent wir in seiner milte. Nun sag ich dir, Brandon, du wilt
nit gelauben, wann was du sichst vnd des doch wol wayst. das hat dich pracht
in grosse arbeyt, wann du hast ein půch verprant, das die gantzen warheyt sagt;
Vnd du můst darumb in disem ellendt yetzo wandlen vnd s[ô]lichs erfaren
vnnd sehen [...]!« Do sprach Sant Brandon: »Wer hat ewch so eygentlich von
got gesagt?« Do sprach er: »Brandon, wir [...] waren vil nahent bey ym in
dem himelreych vnd warent die wirdigosten gesch[ô]pff, die got an vns gelegt
hette, vmb das wir lucifer nachuolger warent. do er verstossen ward von himel, wann do sich lucifer wider gott gesatzt, do hetten wir nit vil vernunfft an
vns, das wir got gehorsamkeyt günnetten, vnd westen auch keyn vnterscheyd,
was gůtt oder schad wâr zethůn. do nun lucifer verfiele, do erkannt doch got
wol vnser vernunfft vnd verstiesse vns nicht als gar als lucifer vnd die andern
engel, die mit im warent verfallen, die do vernünfftig warent. Doch wolt er
vnser engellische gesch[ô]pfft vnd sch[ô]nheyt nicht lassen vnd machet vns
dise gesch[ô]pffte der schweynh[ô]ubter, vmb das wir vnuernünfftig warent,
als die schweyn sind, Das enwayß, waz es lieb haben oder fürchten sol, vnd nit
wayß, was es selber ist, vnd dick lieber in dem kott vnd misthüll ist dann in
dem lauttern wasser. Auch můssen wir liebhaben als die hundt, Wann wir zů
himel hundes sytten hetten an vnns. wen der hundt kennt, den pillet er nicht
an; wen er aber nicht kennet, den pillet er an, wieuil yn sein meyster styllet.
Also thetten wir zů himel: wir liessen lucifer vnuermeldet, do er sich wider
got setzet, vnd wârttent es ym nit. Vnd das wir ym es nit ryetten, dauon so hat

---

[718] Ebd., S. 4, Z. 5–7, S. 5, Z. 1–22.

vns got die gnad gethan, das wir nit lucifers genossen sind vnd auch nicht in dye helle sindt verstossen; vnd ditz landt hat vns got gegeben, vnd wir haben zůuersicht, das sich got noch ettwan thů über vns erbarmen.«[719]

Nachdem St. Brandan die Wunder Gottes dem Kloster überliefert hatte, hörte er die Stimme Gottes, die ihn im Himmelreich willkommen hieß. Er verstirbt daraufhin im Kreise der Klostergemeinschaft und wird zum Fürbitter für das Seelenheil der Menschheit.[720]

> Do kam ein stymm von got, die heyß in gůtlich willkommen sein vns sprach: »Brandon, wann du nun wilt, so kum zů mir!« Do beraytt sich sant Brandon zů einer messe vnd het vnd sang die mit grosser andacht; vnd do dye messe auß kommen, do verschyed sant Brandon, vnd für seyn sel zů got. Nun süllen wir in bitten, das er auch got für vns pit, dz vnser leben zů einem gůtten end pracht werde. das helff vns der vatter, der sun vnd der heylig gayst. Amen.[721]

3.3.2 Propheten als Boten der Offenbarung

St. Brandan trifft während seiner Meerfahrt auf die alttestamentarischen Propheten Henoch, Elias und Judas, die er in einer prophetischen Traumvision erkennt. Henoch und Elias sitzen als Torwächter am Eingang zum Paradies, das sich in einer Burg befindet, die von einer hohen Mauer umschlossen ist, sodass die Seefahrer keinen Zutritt erhalten. Judas hingegen sitzt allein und nackt auf einem Stein, der sich inmitten des Meeres befindet. Er muss dort in der eisigen Kälte bei Sturm, Hagel und Regen von Samstag bis Sonntag sitzen, bis ihn die Teufel wieder zurück in die Hölle führen, wo er den endlosen Qualen der Pein ausgesetzt ist. Judas, der den Sohn Gottes für 30 Pfennig an die Juden verraten hatte, daraufhin an seiner eigenen Tat verzweifelte und sich das Leben nahm, darf aufgrund Gottes Barmherzigkeit jeden Samstag die Hölle verlassen, um sich auf einem

---

[719] Ebd., S. 49, Z. 22–23, S. 50, Z. 1–10 u. Z. 19–22, S. 51, Z. 1–23, S. 52, Z. 1–8.

[720] Vgl. ebd., S. 65 f.

[721] Ebd., S. 66, Z. 9–19.

Stein sitzend von den teuflischen Qualen zu erholen.[722] Im keltischen Seelenwanderungsglauben war der Mensch nach seinem Tod als Schatten bereit für die Inkarnation, die nicht nur als Wiedergeburt in Menschen- oder
Tiergestalt vollzogen werden konnte, sondern auch in Form von Naturinkarnationen.[723] Es war u. a. möglich, dass die Seele bis zur Neuinkarnation
»in der Nähe des Grabes anwesend«[724] war. So lassen sich auch die anth-
ropomorphen Steinsetzungen in Tiergestalt als Seelensitze bei den frühen
antiken Gräbern interpretieren.[725] Die Seele konnte so bei »den Totenfei-
ern und Ritualschmäusen«[726] auf symbolische Weise anwesend sein und in
Form von Steinstelen als eine Art Würdezeichen porträtiert werden.

Dominik Pietrzik erwähnt den Eremiten Judas als Einsiedler der anderen Welt, der »sei[n] Leben auf dem Stein als Buße«[727] erdulden muss.
Die Eremiten waren für ihr Einsiedlertum bekannt, das mit einem Leben in Askese verbunden war und einen »Verzicht auf Gemeinschaft«[728]
bedeutete. Sie suchten nach ruhigen Plätzen, an denen sie Gott finden
konnten, um selbst die »höchste Seligkeit (Erleuchtung) zu erleben«[729],
was als Vorbereitung auf ein Leben im Jenseits gedeutet werden kann.
Die Orte der Abgeschiedenheit können als ›Locus terribilis‹[730] bezeichnet werden, an denen ein »Rückzug in die Einsamkeit«[731] stattfand, der
die Einwirkung störender Faktoren verhinderte. Die in christlicher Tradition stehenden Eremiten führten ihre Askese in Form der ›Imitatio

---

[722] Vgl. ebd., S. 17 (Begegnung mit Henoch), S. 18 (Begegnung mit Elias), S. 33-40 (Begegnung mit Judas).

[723] Vgl. Helmut Birkhan: Druiden und keltischer Seelenwanderungsglaube, S. 149

[724] Ebd.

[725] Vgl. ebd.

[726] Ebd.

[727] Dominik Pietrzik: Die Brandan-Legende, S. 163.

[728] Ebd., S. 164.

[729] Ebd. Zusatz im Original.

[730] Volker Mertens: Gregorius eremita. Eine Lebensform des Adels bei Hartmann von Aue in
ihrer Problematik und ihrer Wandlung in der Rezeption, Zürich 1978 (Münchener Texte
und Untersuchungen zur deutschen Literatur des Mittelalters 67), S. 50.

[731] Dominik Pietrzik: Die Brandan-Legende, S. 164.

Christi‹[732] aus, was die »Teilhab[e] am Schicksal Jesus«[733] bedeutet. Ihr Rückzug und die damit verbundene Askese standen für die »Erwartung des Weltendes«[734] und dienten der Vorbereitung »auf das Jüngste Gericht«[735]. Gerade der Eremit Elias ist ein »Beispie[l] höchster Bedürfnislosigkeit«[736], weil bei ihm das Fasten eine besondere Form der Askese darstellte, die dafür vorgesehen war, dem »Paradie[s] würdig zu werden«[737]. Die eremitische Praxis der Askese diente »auch als Buße für den Urfall des Menschen«[738] und stand im Zeichen der Versöhnung des Menschen mit Gott. Die Strafe war eine Taktik, die der Abschreckung diente und zur Buße führte, was als »Ausgleich und Wiedergutmachung«[739] gemeint war und zur »Durchsetzung der Gemeinschaftsordnung«[740] beitrug. Sie stand ebenso in Zusammenhang mit dem Lohngedanken, durch den die Eremiten ihrer Hoffnung auf einen Platz im Himmel zuversichtlich entgegenblicken konnten.[741] Die Meerfahrt St. Brandans steht in der prophetischen Tradition der Emigration der Sünder in eine neue Gemeinschaft der Gläubigen, die sich nur im Jenseits oder der anderen Welt vollziehen kann, weil sie im Diesseits die menschliche Buße nicht befördern würde. Die prophetische Jenseitsvision, die Judas dem Reisenden erzählt, hat den Zweck einer lebenslangen Emigration der heidnischen Mönche in eine frühchristliche Glaubensgemeinschaft, weshalb *St. Brandans Meerfahrt* auch als ›peregrinatio pro Christo‹[742] umgedeutet werden kann.[743]

---

[732] Ebd., S. 166.

[733] Ebd.

[734] Ebd.

[735] Ebd.

[736] Ebd.

[737] Ebd.

[738] Ebd., S. 167.

[739] Ebd.

[740] Ebd.

[741] Vgl. ebd.

[742] Ebd., S. 156.

[743] Vgl. ebd. u. S. 167.

D[o] sy nun der gůt mensch leret, wo sy hin keren solten, Do kam ein wynd vnd warff sy von dem waßen in kurtzer stundt vierdhalbhundert meyl. Do begundt das m[ô]r wallen vnd wůtten vnd schlůg den kyel fürbaß in ain vinster genybel. Vnd an der selben stat fallet das m[ô]r in abgrundt der hellen. da zucket got den kyele wider, dz sy nicht darein komment. Doch so warent sy in grossen sorgen gewesen, werent sy nit gefaren mit gottes willen vnd das got sant Brandon wolt haben in seiner hůt, auff das, das er die wunder gottes alle erfüre vnd die warheyt erfinde, Die er an dem půch gelesen hette vnd wolt das nicht gelauben, das got grosse wunder thůt vnd gethan hat. Also geraw es in gar übel, das er dz půch verprennt het. vnnd also fůrent sy aber fürbaß, do fundent sy einen nackenden man sitzen auff einem weyssen stein. Dem selben man was der leyb wol halber gefroren von der grossen keltyn, das sich das flaysch schelte vnd zartte von dem leyb vnnd gepayn. An der andern seytten saß er auff einem steyn, da was ym also hayß vnd prant in also sere, das ym fewrin strewll auß seinem leyb giengent vnd fůrent, vnd die flammen schlůgen ym über das haubt. Nun het er keynen schyrme dann ein kleynes tůchlein, das hieng ym vor den augen, vnd das trayb die hitze fürbaß. Nun kam ein hagel oben über in, der fiel auff in vnd kestiget in. vnd das geschach ym alle Sambstag zenacht, vnnd das weret piß auff den Suntag zů non zeyt, da komment dann die teüfel vnd fůrten in wider in die hellichschen peyn. Da fraget in sant Brandon, wer er wer. do sprach er: »Jch pin der groß sünder Judas Scariot, der gott verriett vnnd in vmb dreyssig pfenniggen den Juden verkaufft vnnd hingab – vnnd an mir selb verzweyfelt, das ich mich erhieng. vnnd hett ich mich selb nit ert[ô]t vnd hette recht rew gehebt, So hett mir dannocht got sein grosse [...] parmhetzigkeyt mit getaylt vnd gnade gethan, Wie wol ich in verkauffet vnd das vnschuldig, gerecht plůtt hingab. Nun můß ich ewig peyn leyden vnd wirt mein nymmer mer rat, Doch so hab ich noch ettwas gottes erbermde vnd vnderbeleybung piß auff die non zeyt; So komment dann die tewfel auß der helle vnd fůrent mich aber hin in die hellischen peyn, die do so grausenlich, vnsåglich vnd vnzålichen groß vnd bitter ist.«[744] [...] Do belayb Sant Brandon bey ym die nacht; vnd an dem Suntag zů non zeyt, Do hůb sich ein große klag von Judas, die ye geh[ô]rt ward. Es schray so iåmerlich: »O wee mir! ymmer mer wee! nun můß ich aber in die hellischen peyn!« Vnnd do das sant Brandon erhort, Do ließ er alles seyn hayltung auff des kyels portten setzen vnd fyel an sein gebet, wann er hort vnd merckt an iudas Scarioth, das in die tewfel holen wolten. Da nun dye tewfel kommen, do schyn der lufft vnd das mer alles fewrin.[745] [...] Vnd

---

[744] Rolf D. Fay: Sankt Brandan, S. 34, Z. 1–8, S. 35, Z. 1–23, S. 36, Z. 1–18.
[745] Ebd., S. 39, Z. 2–13.

do sich iudas scarioth het vernommen, Do gebot yn sant Brandon, das sy in ein weyl lyessen sitzen, vnnd bat do got, das er ym durch seinen willen die nacht frist vnd genad geb. dz gewert in got. vnd do die teẅfel in můsten lassen, Do schryen sy iåmerlich vnd tråtten iudas gar ser, so das sy ym darnach dester würser w[ô]lten thůn. vnnd do es morgen ward am Montag zů non zeyt, do kommen die teẅfel mit uil gr[ô]sserm schalle vnd mit feẅrin krålen vnd schlůgen die in iudas scarioth vnd zuckten yn vnder sy vnd tåtten ym vil gr[ô]sser peyn an vnd schulten sant Brandon vnd sprachen: »ym můß nun vil dester würser geschehen!« – »Nain«, sprach sant Brandon, »Jch gebeẅt euch bey dem lebentigen got, das ir ym nit anders thůent, wann wie ir ym vor habent gethan!« Do můsten sy sant Brandon gehorsam sein vnd fůrten yn do mit grosser vngest[ô]migkeyt in die hellischen peyn.[746]

Nach Maximilian Benz besitzen die alttestamentarischen Propheten in der Jenseitsreise eine besondere Aufgabe, denn sie sind Teil der »Bewegung und die Technik des demonstrativen Dialogs«[747]. Diese Technik ist Teil der suggestiven Jenseitserzählung und verleiht ein Gesicht, das bei der Imagination von Straforten hilft.[748] Gerade von Henoch zu Petrus vollzieht sich eine Transformation der Jenseitsreise, die dazu führt, »das Jenseits ausschließlich im Himmel zu lokalisieren«[749]. Was die Jenseitstopografie betrifft, scheint der demonstrative Dialog eine Methode der Fokussierung zu sein, die die Elemente durch »Erzählung von Bewegung«[750] strukturieren und nachvollziehbar machen. Die Jenseitsfahrt ist als eine »Strategie erzählter Bewegung«[751] linear anzusehen, bei der durch den demonstrativen Dialog die Bestrafung und Belohnung suggeriert werden. Weil klare Grenzen in der Jenseitstopografie oder der anderen Welt fehlen, fordert die Reiseerzählung eine »generative Dynamik des Erzählverfahrens«[752], das »theologisch-eschatologisch[e]

---

[746] Ebd., S. 40, Z. 1–20.

[747] Maximilian Benz: Gesicht und Schrift. Die Erzählung von Jenseitsreisen in Antike und Mittelalter, Berlin 2013 (Quellen und Forschungen zur Literatur- und Kulturgeschichte 78), S. 58.

[748] Vgl. ebd., S. 59.

[749] Ebd., S. 62.

[750] Ebd., S. 60.

[751] Ebd., S. 64.

[752] Ebd., S. 67.

Wissensbeständ[e]«[753] modifiziert und plausibel macht. Sie unterliegt einem Wissenswandel, in dem Erklärungsmuster durch »Kontexte der Entstehung, Tradierung und Transformation«[754] einbezogen sind. Prophetische Visionen in spätmittelalterlichen Jenseitsreisen werden durch »ständiges [und] transformierendes Neuerzählen«[755] rekonstruiert und überliefern den stetigen Wandel der ideenhistorischen Konstellation von antiken Erklärungsmustern, die in einem neuen zeitgenössischen Kontext eingebettet sind.[756]

3.3.3 Monster, Ungeheuer und Dämonen als Erscheinungen

Das Monster oder Ungeheuer ist eine »Figur des Nichtwissens«[757], deren Status in einer absoluten Unschlüssigkeit bleibt. Sein Zugehörigkeitsbereich betrifft die räumliche Schwelle der Grenze, über »die Gesetze des Möglichen und Erlaubten«[758] überschritten werden. Es handelt sich beim Monster oder Ungeheuer um ein »meta-anthropologisches Reflexionsmedium«[759], das »im Zeichen des Anderen«[760] steht. Ihm kommt in seiner Formation ein »rein negatives Wesen«[761] zu, das keiner eindeutigen Kategorie zuzuordnen ist, wodurch es einer zweideutigen Paradoxie unterliegt. Dabei weicht es jeglichen Ordnungen, Regeln und Gesetzen aus, die einer Norm entsprechen.[762] Sein zentrales Merkmal ist die Unbestimmbarkeit, weil in seiner Figuration eine »Geste der Überschreitung«[763] skandiert wird. Seine For-

---

[753] Ebd.

[754] Ebd.

[755] Ebd.

[756] Vgl. ebd., S. 67 f.

[757] Rasmus Overthun: Artikel »Monster/Ungeheuer«, in: Phantastik. Ein interdisziplinäres Handbuch, hrsg. v. Hans Richard Brittnacher und Markus May, Stuttgart 2013, S. 420–432, hier S. 420.

[758] Ebd., S. 420 f.

[759] Ebd., S. 421.

[760] Ebd.

[761] Ebd.

[762] Vgl. ebd.

[763] Ebd.

mation wird in einer gewissen Abweichung sichtbar, die in einem Verhältnis von »kulturgeschichtlichen Macht- und Wissensdispositiven«[764] liegt. Das Monster ist deshalb auch eine Schwellenfigur, weil es einen hybriden Körper aufweist, der eine Überschreitung der Gesetze des Natürlichen suggeriert, weshalb sein Mischwesen in einer binären Logik kollabiert.[765] Sein Ursprung lässt sich bereits in den altorientalischen Hochkulturen feststellen, wobei eine »Genealogie und Phänomenologie«[766] des Mischwesens sehr dicht beieinanderstehen. In seinem Hybridwesen liegt eine gewisse »semantisch-semiotische Unschärfe«[767], die eine Diskrepanz zwischen dem, was von außen sichtbar ist, und dem, was von innen unsichtbar ist, auszeichnet. Dabei weist sein Körper häufig eine Abnormität aus, was als »Zeichencharakter des Monströsen«[768] gilt. Die etymologische Herkunft des Wortes ›monstrum‹ verweist auf das lateinische Wort ›monere‹, was so viel wie »warnen, erinnern [oder] raten«[769] bedeutet. Davon ableiten lassen sich Begriffe ›monstrosus‹ »(wunderbar, widernatürlich, ungeheuerlich [...])«[770] und ›monstrositas‹ »(Missbildung, Missgestalt)«[771].

Die Funktion des Monstrums liegt in der Subversion einer »natürliche[n] und kulturelle[n] Ordnun[g]«[772], in dem es Konstitutionsbedingungen reflektiert und »Verhandlung[en] anthropologischen Wissens und gesellschaftlicher (Macht-)Strukturen«[773] katalysiert. Dabei stellt das monströse Erscheinungsbild die natürliche Ordnung und kulturelle Identität infrage, die in Form von »Topoi und Codes des Hässlichen, Grotesken [und] Bösen«[774] aufgeworfen werden, wobei diese in einer kulturtechnischen Darstellungstradition stehen. Es sind die Affektpoetiken, die das Unheimliche

---

[764]   Ebd.

[765]   Vgl. ebd.

[766]   Ebd.

[767]   Ebd., S. 422.

[768]   Ebd.

[769]   Ebd.

[770]   Ebd.

[771]   Ebd.

[772]   Ebd., S. 423.

[773]   Ebd.

[774]   Ebd.

und Ängstliche auf narrative oder mediale Weise hervorrufen, beispielsweise die Impulse des Ekels, der Furcht oder des Schreckens.[775] In der Erkenntnis des Monströsen können die weltlichen Grenzen erst wahrgenommen und problematisiert werden, weil ein »genuin ästhetisches *Problem*«[776] vorliegt, das dem »Verständnis [...] als Lehre der Wahrnehmung«[777] erscheint. Dabei setzt das Monster »die Wahrnehmung in einen dritten Zustand«[778], der in einem Dazwischensein der Sinneswahrnehmungen liegt. Es destabilisiert die »ästhetisch-kulturelle Ordnun[g]«[779], gleichzeitig wird es durch dieselbe konstituiert. Somit weist das Monströse eine gewisse Pluralität auf, die als Prozess der Differenzierung und Abgrenzung zwischen Humanität und Animalität liegt. Der Mensch und das Monster stehen sich in einem Spiegelverhältnis gegenüber, vor allem dann, wenn das Monströse mit dem Menschen in einem Wesen verschmilzt, wie im Wolfsmenschen.[780] St. Brandan wird während seiner Meerfahrt häufig von Ungeheuern, die plurale Spiegelverhältnisse aufweisen, geängstigt und bedroht. Das Meerwunder, das er inmitten des Meeres antrifft, ist ein Mischwesen, bestehend aus einem menschlichen Kopf und einem Fischkörper.[781]

Der Charakter des Monströsen zeigt kaum historische Varianten, weil die strukturale Form immer »einem ästhetisch anschlussfähigen Differenzphänomen«[782] entspricht, das von der Norm abweicht, weil der Zwittercharakter hyperbelhafte Elemente aufweist, die immer auch bedrohlich wirken. In kulturgeschichtlicher Hinsicht gibt es kein generalisierbares epochales Profil, sondern lediglich eine Übersichtsdarstellung des Monströsen von der Frühgeschichte bis zur Gegenwart.[783] Die Anfänge liegen in

---

[775] Vgl. ebd.

[776] Ebd. Kursivschrift im Original.

[777] Ebd.

[778] Ebd.

[779] Ebd., S. 424.

[780] Vgl. ebd.

[781] Vgl. Rolf D. Fay: Sankt Brandan, S. 6-7 (Meerwunder).

[782] Rolf Parr: Monströse Körper und Schwellenfiguren als Faszinations- und Narrationstypen ästhetischen Differenzgewinns, in: Monströse Ordnungen. Zur Typologie und Ästhetik des Anormalen, hrsg. v. Achim Geisenhanslüke und Georg Mein, Bielefeld 2009 (Literalität und Liminalität 12), S. 19–42, hier S. 19, Anm. 1.

[783] Vgl. Rasmus Overthun: Artikel »Monster/Ungeheuer«, S. 424.

»Ägypten und Mesopotamien«[784], »zeitgleich mit der Entstehung der frühesten Hochkulturen [...] um ca. 3000 v. Chr«[785]. Die Differenz zwischen »Kultur und Natur«[786], Wildheit und Zivilisation waren ausschlaggebend für die Notwendigkeit einer solchen Vorstellung. Auch theologische Hintergründe führten zur Reflexion über das Bestialische und Monströse.[787] Die »polytheistisch[e] Götter- und Dämonenwelt«[788] brachte die altertümlichen Tierkulte zum Vorschein und kultivierte zahlreiche, mit Mischattributen ausgestattete Mischgottheiten, die in erster Linie nicht fürchterlich wirkten. Sehr bekannte monströse Figuren waren Zyklopen, Satyrn, Sirenen und Dämonen.[789] Sie zeichnen sich durch eine anormale Abweichung in ihrer Form aus, die den Zusammenhang der Welt und das darin »strukturiert[e] semiotisch[e] Universum«[790] aufgeben. Solche Anomalien weisen Abweichungen der »klassisch-ästhetische[n] Normen«[791] auf, sodass in ihrer Form die Moral zur Verfehlung kommt, weil beispielsweise das Stigma einer unheilbaren Krankheit auferlegt wird.[792] Das Mittelalter rückte die Vorstellung des Monströsen in einen schöpfungsgeschichtlichen Zusammenhang, der als eine »diabolische Entartun[g] der Schöpfung«[793] betrachtet wurde. Dabei ging es um das »Erbe des Sündenfalls«[794] und um die »Besessenheit von fremder Willensmacht«[795], die im Christentum einer Erklärung bedurfte. Religiöse Vorstellungen über das Monströse hatten wichtige Funktionen im Versuch einer differenzierten Weltvorstellung, die das Gute vom Bösen zu trennen vermochte. Zudem tauchte das Monströse im Mittelalter auch häufig in soziokulturellen Kontexten der

---

[784] Ebd.

[785] Ebd.

[786] Ebd., S. 425.

[787] Vgl. ebd.

[788] Ebd.

[789] Vgl. ebd.

[790] Ebd.

[791] Ebd.

[792] Vgl. ebd., S. 425 f.

[793] Ebd., S. 426.

[794] Ebd.

[795] Ebd.

Epen und Fabeln auf, weil es aufgrund seiner zügellosen und ungeheuerlichen Ästhetik dem weltlichen Helden in seiner Identitätssicherung als tugendhaftes Vorbild gegenüberstand.[796] Erst die Aufklärung führte zu einer Neutralisierung des Monströsen, weil in dieser Epoche die Sonderbarkeit der menschlichen Existenzprobleme aufgeworfen wurde. Ab dem 18. Jahrhundert befassten sich die meta-anthropologischen Fragen mit dem Dasein des Menschen im Diesseits.[797] Das Monströse unterlag seitdem einer naturwissenschaftlichen Erklärung, die seine Deformation »naturalisier[-te] und normalisier[te]«[798]. In der Moderne entwickelte sich das Monster immer radikaler zur Faszinationsfigur, die aufgrund einer »Ästhetik des Schreckens und des Exzesses«[799] zu einem sensationellen Kunstprodukt mutierte. Körper und Geist wurden ins Unheimliche umgekehrt, weil die Vernunft »die Ordnung der Dinge«[800] nicht mehr garantieren konnte. In der modernen Literatur sind es Erzählungen über verbrecherische Taten, die das Monströse in einem humanitären Licht erscheinen lassen.[801] Häufig setzen sich diese Erzählungen mit »sodomitischen, inzestuösen, pädophilen, kannibalischen und mörderischen Ausschweifungen«[802] auseinander. Dabei wird das Monströse in die Gegenwart des Diesseits gebracht und ist nicht mehr Teil der anderen Welt. Es ist Teil einer Entgrenzung der Ordnung, die nicht mehr in einem jenseitigen Verhältnis steht.[803] In der mittelalterlichen Visionsliteratur sind Monster, Ungeheuer und Dämonen Schwellenfiguren, die eine Überschreitung der Grenze zum Jenseits erst möglich machen. Sie stehen in einigen Darstellungen am Anfang des Höllenraumes als Tor- und Übergangswächter. Im Gegensatz zu modernen Darstellungen des Monströsen besitzen die mittelalterlichen Ungeheuer keine eigene Identität oder keinen eigenen Willen, sondern

---

[796] Vgl. ebd.

[797] Vgl. ebd., S. 427.

[798] Ebd.

[799] Ebd., S. 428.

[800] Ebd.

[801] Vgl. ebd.

[802] Ebd.

[803] Vgl. ebd.

gehorchen bestimmten Automatismen, die kontinuierlich infrage gestellt werden.[804]

> Wye ein windt Sant Brandon warff an ein statt auff dem m[ô]re, do er groß geprächte vnd ged[ô]n von lewtten vnnd von vich hortte vnd doch nyemand sach dann hymel vnd wasser: [...] D[a]rnach kam ein grosser windt vnd trayb sy fürbaß an ein statt, do was das m[ô]r gar dünn vnnd an manigen stetten trucken; vnnd h[ô]rtten do nit verr grosses geprächt vnnd wunderlich groß ged[ô]n von lewtten vnnd von vich. Sy h[ô]rten glocken lewtten, meß syngen, vich außtreyben, tantzen, hoffiern, syngen, waynen, klagen, lachen, pfeyffen, Busaunen, trumetten, pferd, küe, verher schreyen; sy h[ô]rtten maniger hand ged[ô]n. Darab hett Sandt Brandon groß wunder, Wann sy sahent nichtz dann wasser vnd himel vnd h[ô]rtten doch das ged[ô]n. Do sprach Sant Brandon: »mich nymbt vnd hat groß wunder, wo ditz ged[ô]n sey, dz es vns so nahet hyllet vnd dz wir doch nyemand sehen. Wie rattent ir, ob wir den kyel fürbaß vnd widerumb lassent gan? Wann ich můß erfaren, was hye sey!« Do westen sy nit, was das best wåre. Doch warffen sy an der statt ir ancker vnnd senckelstein in das wasser. Da funden sy schier grund. Darnach wurffen sy yre ancker nach. die wurden schier behefftet, das sy yr nicht wider gewynnen mochten. Do enwesten sy nicht, wie sy thůn solten. da růfften sy gott vast an vnd liessent yre Segel nider vnd waren in grossen sorgen.[805]

Silke Arnold-de Simine sieht den zentralen Unterschied zwischen Monstern und Geistern darin, dass das Wesen der »Geister und Dämonen«[806] zwischen den Welten in einem übernatürlichen Raum angesiedelt ist. Ihrem Status nach »werden sie als Mittelwesen zwischen Engeln und Teufeln einerseits und Menschen andererseits«[807] angesehen. Ihre Vorstellung ist im kulturellen und religiösen Sinne fest verankert, denn sie »zeugen von [...]

---

[804] Vgl. Rolf D. Fay: Sankt Brandan, S. 6–7 (Begegnung mit einem Meerwunder in der Nähe des Fegefeuers), S. 25–30 (Begegnung mit einer Sirene in der Nähe des Pardieses), S. 56–58 (Begegnung mit einigen auf dem Meer herumwandelnden Geistern), S. 59–62 (Begegnung mit einem Zwerg in der Nähe der Hölle).

[805] Ebd., S. 56, Z. 15–18, S. 57, Z. 1–7, S. 58, Z. 1–18.

[806] Silke Arnold-de Simine: Artikel »Geister und Dämonen«, in: Phantastik. Ein interdisziplinäres Handbuch, hrsg. v. Hans Richard Brittnacher und Markus May, Stuttgart 2013, S. 376–384, hier S. 376.

[807] Ebd.

verdrängten Ängsten und regressiven Wünschen«[808]. Dabei sind sie Teil »eines ungelösten Konflikts zwischen [dem] Ich und [der] Welt«[809]. Geister und Dämonen sind »unterschiedlichen Lebensbereichen [...] zugeordnet«[810]. Ihrem Wesen nach sind sie mit Phänomenen aus der Natur identisch und können »die Götterwelt ersetzen«[811]. Bei ihrer Vermittlung können sie ihre Kräfte heilbar oder schädlich einsetzen, beispielsweise die Irrlichter, die im Gegensatz zu den Schutzgeistern übelwollend agieren.[812] Sie treten häufig als »unkörperliche Erscheinungen von Toten (Gespenst) oder seltener auch von lebenden Personen im Augenblick ihres Todes«[813] auf und sind häufig »Bestandteil von Jenseitsvorstellungen«[814]. Mit ihrer Erscheinung geht eine Gespensterangst einher, die zur befremdlichen Selbsterfahrung führt.[815] Dabei handelt es sich um ein »Aussetzen der Distinktion von Ich und Nicht-Ich«[816], das den Schrecken erschließt, der vom »Geist ins Bild gebracht wird«[817]. Oft hindern oder befördern Geister und Dämonen die Seelenwanderung der Verstorbenen ins Jenseits. Sie sind Seelenvermittler und Hilfsmedium der menschlichen Imagination in der Auseinandersetzung mit der eigenen immateriellen Existenz.[818] St. Brandan und seine Gefährten treffen während ihrer Jenseitsfahrt auf eine Sirene, die sie mithilfe ihres süßen Gesangs einschlafen lässt. Dabei verlieren die Seefahrer die Orientierung und ihr Schiff treibt vom Weg in Richtung eines feurigen Berges ab, auf dem Teufel warten, um den Gefährten St. Brandans in die Hölle zu führen, weil er zuvor einen Zaun gestohlen hat. St. Brandan verteidigt seinen Gefährten

---

[808] Ebd.

[809] Ebd.

[810] Ebd.

[811] Ebd.

[812] Vgl. ebd.

[813] Ebd. Zusatz im Original.

[814] Ebd.

[815] Vgl. ebd., S. 377.

[816] Hans-Richard Brittnacher: Ästhetik des Horrors. Gespenster, Vampire, Monster, Teufel und künstliche Menschen in der phantastischen Literatur, 1. Auflage, Frankfurt am Main 1994 (Suhrkamp-Taschenbuch 2397), S. 54.

[817] Ebd.

[818] Vgl. Silke Arnold-de Simine: Artikel »Geister und Dämonen«, S. 377.

daraufhin und bewirkt durch sein Vertrauen in Gottes Hilfe, dass das Leben der Mönche gerade noch gerettet werden kann.[819]

> Sandt Brandon vnd seinen Brůdern widerfür vnnd gegnet ain Syren auff dem mer, die sang so süeß, das sy all entschlieffen: D[o] nun ditz alles ein end nam, do fůren sy fůrbas vf dem mer. vnd do k[ô]men sy aber in groß not, wan sy sahen ein wunderlichs tyer gegen in k[ô]men, daß het ains menschen leib vnd antlicz vnd was vnderhalb der gůrttel ain visch. das was gehaissen ein syren vnd gar ein wunniclichs tier vnd hat gar ein schon menschenpild vnd antlicz vnd singet wol vnd süeß, so das sych nimantz schlaffens erwern mag. vnd do das mer wunder zw in kam, do enschlieffen dy fergen vnd schiffleůt, dy das schiff solten layten vnd füren, vnd liessen das schiff also treiben, das dy munch ir selber auch vergassen Also gar, das sie nit westen, wa sie waren. vnnd trib sich das schiff zw ainem berg, der was eytel feůrin; vnd auß dem berg lief ein swarzer man, der růfft so ser zw in vnd thet so greůlichen, das sy all dar von erwachten, vnd sprach: »kompt her zw mir, ich will eůch weysen, wahin ir faren sollet!« do hieß sand Brandon das schif zw im keren, vnd do sie zẅ im k[ô]men, do sprach der teůfel zw sand Brandon: »get[ô]rst ich vor got, dw alter munch, dw vnd all dein gesellen můsten von [...] mir sterben vnd in das feür geworffen werden[t], vnd ir müstent mir gelten alle die Selen, die wir verloren haben von eůrem gebet! wan got, der mag eůrem gebet nicht verzeihen, vnd ir thůnd vns grossen schaden: ir nement vns dy zaum dyeb. der dort hinden bey euch siczt von den zaum vor des Paradiß Sal stal!« do das der Münich h[ô]rt, das er in so wol erkant, Do vorcht er sich so seer, das er vor angsten schwiczet, vnd schempt sich vor seinenn Brüdern vmb den diebstal. do sprach sand Brandon: »er hat půß genug, biß das er sich gesaubert von dem hartz vnnd von dem pech, Damit ir in geunsaubert habent.« do sprach der Teůfel: »Es ist noch gar ein winigs layd, das er von vns layd, wan sein leyden was erst angangen, wer er vns beliben!« vnd da der Teůfel sach, das er sich also seer forcht, Da spottet er sein vnd nam ein prant von dem feür, den er kaum getragen mocht, vnd warff in in den kiel zü im, So das sye nahent verzweifelt waren, wan sye Sandt Brandon tr[ô]st. do bat der Teůfel den schiffman, das er im den munch geb, der den zaům het gestolen, So das er in ein winig krazet vnd krålet. Do sprach sand Brandon: »dir wirt des von vns nit, Ob got wil! wan wir [...] s[ô]llen vnd w[ô]llen vns alle wol vor dir hůtten, wan mit dir ist nit gut wonen, als mich dunckt.« do kerten sye von im vnd füren auf das m[ô]r. Do k[ô]men gar vil

---

[819]   Vgl. Rolf D. Fay: Sankt Brandan, S. 25–39.

Teüfel geloffen an das gestat, dye trügent glüent pfeyl vnd prent, Damit wurffent sye dye heiligen leut vnd schussent in nach. do k[ô]m in got zü hilff, vnnd die prent vielen Jn das schiff, Als der regen von dem himel tüt.[820]

3.3.4 Heilsgewissheit vs. Heilserfahrung

Die *Navigatio* und die *Reisefassung* unterscheiden sich deutlich hinsichtlich der Konzeption ihrer narrativen Erzählstruktur voneinander. Die episodische Reihenfolge wurde verändert, vieles weggelassen und manches Material hinzugefügt.[821] Hauptmerkmal der *Reisefassung* ist nicht die zuversichtliche Anfahrt mehrerer Stationen, sondern vielmehr die »Aneinanderreihung der wunderbaren Episoden«[822], die aufgrund ihrer Konzeption zur Erkenntnis der Seefahrer führt. In der *Reisefassung* scheint der Mönch einem Lernprozess unterzogen zu sein, der dem Abenteuercharakter der *Navigatio* entgegensteht, weil das eigene Erlebnis als »selbst wesentlich mitbetroffene Figur«[823] im Gegensatz zum »überlegene[n] und allwissende[n] Führer«[824] der *Navigatio* in den Vordergrund rückt.

Rolf D. Fay bemerkt bezüglich der Überlieferungsgeschichte von der »erste[n] deutsche[n] Version der ›Navigatio‹ [...] 1468«[825] bis zur *Reisefassung* aus dem 16. Jahrhundert eine deutliche Tendenz der Veränderung »im Dienste protestantischer Polemik«[826], die sich an der Brandan-Legende bedient, um »die Wundergläubigkeit und Korruption der Katholiken zu geißeln«[827]. Ebenso sieht Julia Weitbrecht die Veränderungen zur mitteldeutschen *Reisefassung* in einem Traditionszusammenhang der Immrama, die im Gegensatz zur asketischen Pilgerfahrt der peregrinatio mit den Para-

---

[820] Ebd., S. 25, Z. 3–6, S. 26, Z. 1–19, S. 27, Z. 1–23, S. 28, Z. 1–15.

[821] Vgl. Dominik Pietrzik: Die Brandan-Legende, S. 58.

[822] Ebd., S. 59.

[823] Ebd.

[824] Ebd.

[825] Rolf D. Fay: Sankt Brandan, S. VIII (Einleitung). Hervorhebung im Original.

[826] Ebd., S. X (Einleitung). Rechtschreibung im Original.

[827] Ebd., S. IX (Einleitung).

metern »Konversion [durch] Beobachtung und Erfahrung«[828] erweitert wurden. Es findet hierbei durchaus eine Läuterung statt, ebenso wie in der *Vision des Tondolus*, die mit der Raumkonzeption und Reiseerfahrung verschränkt ist, wodurch es aufgrund der *Reisefassung* auch möglich war, »spezifisch[e] Glaubensproblem[e] auf der Reise [zu] >bearbeite[n]<«[829]. Die *Reisefassung* ist als unfreiwillige Bußfahrt konstituiert, die mit einer »ungeordnete[n] Aneinanderreihung von Konfrontationen mit [...] Wundern«[830] Wegstationen verbindet, die zur Überzeugung der Heilserfahrung führen. Die Heilserfahrung liegt im immanenten Kontaktbereich, der nicht außerhalb der Welt anzusiedeln ist.[831] Sie wird somit nicht durch die »Bewegung zwischen den Welten«[832], sondern auf narrative Weise im Dialog mit den »Bewohner[n] des bereisten Raumes«[833] vermittelt. Die Seefahrer sind dabei auf die Erklärungen der ihnen erscheinenden Wesen angewiesen.[834] Als der gute Mann den Seefahrern zu Hilfe kommt und ihnen erklärt, wie sie ihr Schiff während eines aufkommenden Windsturmes vor dem Kentern in Sicherheit bringen können, begreift St. Brandan, dass der Zwerg, der sie zuvor zu sich gerufen hat, ein vom Teufel geschicktes Gespenst ist, das sie vom rechten Weg abzubringen versucht.[835]

> Hye kam damit Brandon zů einem gezwerge vnnd zů eynem gůtten man, vnd do was dz wasser über den luft gestigen: [...] D[a] h[ô]rt man ein geschrey, vnd růfft ein gezwerge. das kom auß einem wald, do was das wasser über den lufft gestigen vnd über den wald. Nun mocht das wasser vor dem lufft des waldes keyn schad gesein. Das sach den kyel also behefftet an einer wyndschwellen. do gedacht es vil pald in den wald – do lag ein gůt man – vnnd sagt ym, wie der kyel gelegen wåre, Do das wasser ein end het; vnd kertten geren wider, des enmochten sy nicht thůn; vnnd sagt ym, wie sy vast got vnd marien anrůfften, das in dewchte, Es waren Cristen lewt; Vnd sprach, ob er in zů hilffe kommen w[ô]lte. do sprach er ia, vnd was

---

[828]   Julia Weitbrecht: Aus der Welt, S. 195.

[829]   Ebd. Hervorhebung im Original.

[830]   Ebd., S. 196.

[831]   Vgl. ebd., S. 197.

[832]   Ebd.

[833]   Ebd.

[834]   Vgl. ebd.

[835]   Vgl. Rolf D. Fay: Sankt Brandan, S. 59-62.

fro, Do er h[ô]rt, das sy cristen warent. vnd do kerttend sy bayde miteinander von
dannen vnd giengen an das m[ô]r. da hett der gůt mensch ein kleynes schifflein.
da sassen sy payd ein, vnd fůrt das gezwerg das schifflin vil geschwinde, wann sy
bayd fro warent, das sy in zů hilff solten kommen. do sprach Sant Brandon: »Jch
sich dortt her kommen in einem nebel ein kleynes schifflein mit einem Segel. da
getraw ich, daz vnser lieber herr vnd sein hilff sende.« do kam das schifflein vast
zů in getriben. Do sahen sy in dem schifflein den gůten man vnd dz gezwerg.
der man was alt, vnnd warent seine klayder von wilden tyerhåren gewürcket vnd
zesamen geflochten vnnd geweben, vnd hett einen abt stabe in seiner handt. Den
selben Abtstab gab ym Sant Brandon eins mals. do saß das gezwerg hindan an der
stürt des schifflins. Das gezwerg hieß Perttwartt vnd wz gar grewlich geschaffen,
wann es het einen langen vnd grossen part vnd het auch langes sch[ô]ns har auf
dem haubt vnnd sang gar ynneklichen wol; Aber sy verstůndent seines gesanges
nit. Es het einen weytten mund, vnd hal sein styme als ein horen; vnd alles sein
gewand, dz es an im het, dz wz alles pfeller vnd seydin; vnd waz gar starck, wann
es fůrt dz schiflin gar gewaltiglichen über; vnd gieng ym der [...] part piß auff die
knye. Do sprach der man zů in, do sy gar zů yn kommend: »pald kerendt mit eü-
rem kyel von hynnen, Wann ich h[ô]r vier wind kommen. Ergreyffend euch die,
so thůnd sy ewch grossen schaden, vnd kommen in not vnd in arbeyt!« Do wandt
sant Brandon, es wår des teüfels gespenst, vnnd sprach: »woltest du nit zürnen,
so bett ich dich geren, das du durch gott zů vnns giengest in disen kyel. Wann wir
haben hye gar vil hayltumbs, vnd wolt durch got ein meß daruor syngen.«[836]

Nachdem St. Brandan den Zwerg als Dämon entlarvt hatte, halfen die Seefahrer dem guten Mann, in ihr Schiff zu kommen, und gemeinsam empfin-
gen sie das Heilige Sakrament. St. Brandan verstand nun, dass er die Wahrheit verbrannt hatte, und beschloss, die Wunder, die er auf seiner Meerfahrt
gesehen hatte, in einem Buch niederzuschreiben.[837]

Da verstůnd der gůtt man wol, das er vorchte, es wår ein trůgknuß vnnd ein
gespenste, vnd fůr paldt zů in. do hulffen sy ym in den kyel. Do fiel er creüt-
zweyß nider für das hayltumb, wann er was ein außerwöltes vaß gotes. Do emp-
fie‹n›gen sy in mit grosser wirdigkeit Vnd sungen ein herlich meß mit grosser
andacht Vnd empfiengen all das heylig Sacrament. Do saget in das gezwerg, dz

---

836 Ebd., S. 59, Z. 1-8, S. 60, Z. 1-22, S. 61, Z. 1-20, S. 62, Z. 1-5.

837 Vgl. ebd., S. 62.

die welt do ein end het. vnnd das ged[ô]n, das sy hetten geh[ô]rt vnnd h[ô]rtten, das wer ein andre welt vnder der erden. Do verstůnd sant Brandon wol, das er die warheyt verprannt het in dem půch, vnnd auff dem m[ô]r schrayb sant Brandon die wunder alle in eyn půch.[838]

Im Unterschied zur *Navigatio* steht in der *Reisefassung* »die Wiederaufnahme von Motiven«[839] im Vordergrund. Sie befassen sich mit der Reise als Erkenntnisweg, bei dem das Meer »als Strafort der Seelen [...] einzelne[r] Sünder/ Büßer«[840] dient und die Inseln zu Orten der Begegnung führen. Im Gegensatz zur *Vision des Tondolus* sind die Wunder und Prüfungen von den Orten unabhängig, weil die Meerfahrt in »ein[em] semantisch offene[n] Erfahrungsraum«[841] stattfindet, der zwar jenseitig semantisiert ist, aber »nicht systematisch und heilsgeschichtlich«[842] in Bezug zueinander steht, sondern aufgrund der ziellosen Reise die Phänomene materialisiert erscheinen. Der Raum steht nicht mit dem Heilsstatus St. Brandans in Zusammenhang, sondern vielmehr mit der »Möglichkei[t] eschatologischen Wirkens«[843], das den Wert der Buße vermittelt. Die Sündhaftigkeit der Bewohner der anderen Welt steht dabei nicht in der Schuld St. Brandans, und die geografische Fremde ist kein »Ort der Kompensation«[844], die zur persönlichen Konversion führt, so wie die Raumsemantik in der *Vision des Tondolus*. Im liminalen Grenzbereich der Meerfahrt ist die Heilserfahrung möglich, sie muss aber nicht zur Konversion führen.[845] Die Orte der Läuterung bleiben vielmehr semantisch uneindeutig, weil sie sich in ihrer Raumordnung auflösen und »die Platzierung der Figuren«[846] verhandelbar wird. Der Protagonist ist auf göttliches Einwirken angewiesen, tritt aber aktiv als ›intercessor‹ auf, um anderen zu helfen.[847] Die

---

[838] Ebd., S. 62, Z. 5–19.
[839] Julia Weitbrecht: Aus der Welt, S. 197.
[840] Ebd.
[841] Ebd., S. 198.
[842] Ebd.
[843] Ebd.
[844] Ebd., S. 199.
[845] Vgl. ebd.
[846] Ebd.
[847] Vgl. ebd.

Raumordnung ist dynamisiert, wodurch die Übergänge »keine eschatologische Funktion besitzen«[848], sondern Grenzüberschreitungen ausfallen, semantisch nicht markiert sind und unsichtbar erscheinen. Raumüberschreitungen werden nicht als Grenzgänge wahrgenommen, weil die »vertraute[n] und fremd-dämonische[n] Räume«[849] nahtlos ineinander übergehen. Das Schiff der Seefahrer wird von einem Magnetstein in Richtung eines Felsens gezogen; dort liegt ein Berg, den St. Brandan betritt. Auf diesem Berg befindet sich ein schönes Münster, in dem heilige Brüder leben, um Gott zu dienen. Er verbringt einen ganzen Tag bei den heiligen Brüdern, um mit ihnen zu essen. Gott sendet ihm eine Speise aus dem Paradies, sodass St. Brandan in den Genuss eines kurzen Urlaubs kommt, bevor er wieder auf sein Schiff steigt.[850]

Die jenseitigen Räume können von den Seefahrern nicht betreten werden.[851] Sie befinden sich in einer »Zon[e] transzendenter Unverfügbarkeit«[852], in der der jenseitige Raum nicht sichtbar wird, sondern lediglich aufgrund der Schilderungen der jeweiligen Bewohner existiert. Eine Gewissheit über das Jenseits als Gefühls- und Kompensationsraum besteht bei den Gefährten dennoch, weil die Begegnung mit den Schwellenfiguren eine Möglichkeit zur Transzendenzerfahrung offenhält, die z. B. an der Episode des Bruderraubes deutlich wird.[853]

Hie namen dy Teüfel sand Brandon Ainen Brůder, den gewan er mitsampt den andern seinen Brüdern mit gepet wider, das sye den müsten lassen, es wer Jn lieb oder layd: [...] D[a] sie nun gutes genug in ir[e] schiff brachten vnnd getragen hetten, do kerten sye von dannen. vnnd do sie ferr auff das m[ô]r koment, do h[ô]rten sie ein grausenlichs ged[ô]ß vnd ein sausen, das sie gedachten, es wolt himel vnnd ertrich zůsamen brechenn. do k[ô]m ein d[ô]nner vnd plicz, das die Brüder gar nahent verzweifelten. vnnd also in dem gewitter do k[ô]m der teüfel mit ainem grossem her. der schray vnnd wütet, So das es in den lüfften erhal; vnd do er zů dem schiff kam, do schrai er grausenlichen: »O Brandon, du must mir den

---

[848] Ebd.

[849] Ebd., S. 200.

[850] Vgl. Rolf D. Fay: Sankt Brandan, S. 10–13.

[851] Vgl. Julia Weitbrecht: Aus der Welt, S. 200.

[852] Ebd.

[853] Vgl. Rolf D. Fay: Sankt Brandan, S. 19–23.

dieb hie lan!« vnd mit dem nam er den münich, der den zaum gestoln hett in dem
sal vor dem Paradeiß, vnd fůrt in do enweck vber st[ô]ck vnd vber stain vnd thât
im also wee, das im die diebstall wol zů saur wart. vnnd do er ine hinwegck bracht,
do bate sand Brandon vnd alle sein Brüder vnnsern herren mit wainenden augen
füer iren Brůder vnnd gesellen, vnd sprach sand brandon: »O herre, was zeihest
du vnns, das du em Teüfell vber vns verhengest, das sie vnns also schenden? Nun
k[ô]men wir niemer von hinnen, du gebest vnns dann vnnsern brůder wider!«
vnnd [...] fieln nider auff ire knye vnd baten got so lang an, das er sy nicht vnge-
wert m[ô]cht lassen. vnd da sahen sy ain licht ob in swebenn, als ob es ein feüren
stern wer. darauß rufft ain stim vnd sprach: »Brandon, was zürnest dw mit mir?
ich hab dir doch nicht gethan. der teüfel hat dir ainen bruder genomen; zw dem
hat er gute recht, wan er hat ainen zaum gestolen. Nun ẅayst du doch wol, daß
Adam müest vmb ain clain ops zu der helle faren, vnd mit ime fünf tausennt menschen. Nun ist dein Bruder mit ofner diebstal gefangen vnd ist zw der helle ge-
fürt.« Do sprach sand Brandon: »O her, nicht laß dem teufel seinen gewalt vber
ain so claines her, durch das der Cristen mensch nit geschent wirt; vnd was mein
Brůder wider dich gethann hat, Das wil ich mit ime püessenn vnd auch pessern!«
vnd fürt sein gebet also lang, biß das es got erbarmet, vnd gebot do dem teufel, das
er den Bruder da wider in das Schiff zü seinen Brüdern tragen mŭst. do raufft in
der teüfel vnd schlüg in – das thet im also wee, das es im saur genůg wart, Das er
ye kainen zaum gesach –, wan der teüfel was so zornig, daß er in widerumb mŭst
tragen; vnd do er zw dem Schiff k[ô]me, do schray der teüfel greŭlich vber Sandt
Brandon: »wee dir vnnd aller deiner geselschafft, wann wir kainen nymmer mer
vor eüch wehalten mŭgen in unnser helle!« vnd warf den Bruder herticlich in
das Schiff. do was er also schwarcz worden von dem pech, das an im erhert was,
das sye in nit mer erkanten. Sein har vnd sein part was im hert von pech vnd von
harcz, vnnd was auch gemerlich erzert, erkrumpt vnnd erkraczt von den Stauden
vnd Dornenn, da in der tewfell durch geczogenn hette. vnnd do gesegnten sye
sich all – Do floch der teufell pald von Jne – vnd lobtenn do [v]nnsernn herren
Jesum Cristum, Das er Jne iren Bruder het ẅider geben.[854]

Die »Heils- und Kontingenzerfahrung«[855] wird durch die »vorangegange-
nen Episoden [...] gebündelt«[856] und lässt die andere Welt, in der sich die

---

[854]   Ebd., S. 19, Z. 4–7, S. 20, Z. 1–23, S. 21, Z. 1–22, S. 22, Z. 1–19.

[855]   Julia Weitbrecht: Aus der Welt, S. 201.

[856]   Ebd.

Seefahrer befinden, »als Heils- und Läuterungsraum«[857] erscheinen. Dabei gewinnt der Protagonist die Orientierung für den Raum infolge der eige- nen Irrfahrten und das Raumbewusstsein durch »seine narrative Organisa- tion«[858], die mit dem Ursprungsort der Klostergemeinschaft in Verbindung steht. So, wie die ›electi‹[859] das Jenseits über ihre Vision erleben, konstituiert die Meerfahrt in Verbindung mit der Begegnung den Jenseitsraum aus der »heilsgeschichtlich[en] *und* geografisch[en]«[860] Retrospektive. Der Reise- verlauf ist »von Kontingenz und Unsicherheit«[861] geprägt, die von den Fi- guren ausgeht und nicht auf den Erzähler verschoben wird. Heilsgewissheit wird einerseits durch die kontingente Sinnstiftung der Reise, andererseits aufgrund der Vermittlerinstanzen geschaffen. Die Heilserfahrung liegt im immanenten Kontingenzbereich von Reise und Begegnung, weil der Heils- status aufgrund von Erklärungen in Form struktureller Sicherheit und Ge- wissheit gestiftet wird.[862]

---

[857] Ebd.

[858] Ebd., S. 202.

[859] Ebd., S. 203.

[860] Ebd. Kursivschrift im Original.

[861] Ebd.

[862] Vgl. ebd., S. 204 f.

FAZIT

Die Jenseitsreise in der frühneuhochdeutschen Visionsliteratur bildet zwei unterschiedliche Stränge im Kanon der Gattung aus, deren Authentizitätsmerkmale mit ihrer Überlieferungsgeschichte in Zusammenhang stehen. Echte und unechte Visionen unterscheiden sich hinsichtlich ihrer literarischen Überarbeitung voneinander, bei der dem Protagonisten visionäre Fähigkeiten untergeschoben werden, die nicht als authentisch anzusehen sind, weil sie auf einer kulturellen Transformation basieren, die eine Echtheit ausschließt. Dabei kann es sich um religiöse Beglaubigungsstrategien oder um Erweiterungen von Attributen handeln. Die Vision als kognitives Phänomen ist einem breiten Feld der Psychosomatik unterlegen, das im Mittelalter schwer differenzierbar war. Dennoch lassen sich aus heutiger Sicht Visionen von Träumen und Erscheinungen unterscheiden, weil sie als Trugwahrnehmungen anzusehen sind, bei denen der Visionär ein Bewusstsein für den Raumwechsel besitzt. Gründe für das visionäre Denken sind schwer zu ermitteln, dennoch werden einige Ursachen für mittelalterliche Visionen in der Forschung diskutiert, bei denen die Annahme besteht, dass Krankheit, Nahtoderfahrung und Askese in Verbindung eines ›medieval mind‹ imaginäre Bewusstseinszustände hervorrufen konnten, die in einem sakralisierten Zusammenhang standen und deshalb als religiöses Erlebnis wiedergegeben werden.

Gattungsspezifisch ist das wichtigste Merkmal der Jenseitsreise die Topografie des Raumes und dessen Semantik, weil Transzendenz und Immanenz im Raum erfahrbar sind. Das Jenseits als Ort der immateriellen Existenz ist eine Imagination der menschlichen Auseinandersetzung mit dem Tod. Der kulturspezifische Fundus von Jenseitsgedanken hat eine jahrtausendealte Tradition, die sich im gesamten indogermanischen Sprachraum nachvollziehen lässt. Dabei sind die archaischen Totenkulte und die Vorstellungen von Seelenwanderungen die Grundlage von Jenseitsgedanken. In der mittelalterlichen Visionsliteratur herrscht allerdings keine homogene Darstellung von Jenseitsreisen, weil unterschiedliche Strömungen des Jenseitsglaubens das kulturelle Bild prägten, das einerseits in einer archaisch-heidnischen und andererseits in einer eschatologisch-religiösen Tradition stand. Demnach bildet die frühneuhochdeutsche Jenseitsreise keine einheitliche Vorstellung von Jenseitsgedanken ab, sondern tendiert zur kulturellen Fusion und Diffusion hinsichtlich der Raumsemantik.

Im Schamanismus und im keltischen Seelenwanderungsglauben sind die Erfahrungen von Schwellenübergängen typisch für den Totenkult, der sich in Form von Inkarnation vollzieht. In den Buchreligionen steht das Jenseits in Verbindung mit der Heilsgeschichte, die den Raum in Form von Läuterung, Buße und dem Streben nach einem ewigen Leben erfahrbar machen. Die Grenz- und Heilserfahrungen der Protagonisten sind dabei die wichtigsten und unentbehrlichsten Errungenschaften der Jenseitsreise. Diese Erfahrung von Raum im transzendenten oder immanenten Kontaktbereich kann sich über die Orte des Jenseits hinwegsetzen und auch im Diesseits ihre Wirkung vollziehen. Jenseitsvisionen bringen einerseits Grenzerfahrungen in Form von transzendenten Zuständen hervor, andererseits erscheinen Jenseitsfahrten durch lineare und strukturierte Begegnungen immanent. Die Erfahrung von Grenzen und Übergängen in einem liminalen Raum kann den Heilsstatus ebenso stiften wie die Erfahrung von Struktur und Begegnung an einem diesseitigen Ort der anderen Welt. Erfahrungen während einer Jenseitsreise führen zu kompensatorischen Erlebnissen, die sich im kulturellen Sinne manifestieren, u. a. auch dadurch, weil eine Kompensation von Fremdheit und eine Differenz zum menschlichen Dasein im Diesseits allein nicht möglich wäre.

Die Visionsliteratur beschäftigt sich anhand der Jenseitsreise mit einer Paradoxie, die den Tod als Exempel für das gute Leben heranzieht und Fragen der Heilslehre veranschaulicht, um die immaterielle Existenz zu sichern. Dabei sind Topoi der Erinnerung notwendig, um diese Ideologien im kulturspezifischen Zusammenhang zu erhalten und zu befördern, sodass die Auseinandersetzung des Menschen mit seiner eigenen Existenz verstandesmäßig gesichert bleibt. Deshalb trägt die Jenseitsreise in der Visionsliteratur maßgeblich dazu bei, die Grenzen der menschlichen Existenz zu erforschen und an Exempeln erfahrbar zu gestalten.

Die Heilserfahrungen werden auf unterschiedliche Weise vermittelt, u. a. durch die Raumsemantik, die Kohärenz der Erzählung und das Motivinven-

tar. Sie bilden das sekundäre Ziel der Jenseitsreise und stehen in Zusammenhang mit den kulturell geprägten Jenseitsgedanken, die die Intersubjektivität
und Gewissheit von Seligkeit fördern. In den Grenz- und Heilserfahrungen
liegen die Möglichkeiten, die Grenzen der Welt zu akzeptieren und zu sub-
jektivieren, was den Jenseitsglauben befördert und ihn für das Leben nütz-
lich macht.

LITERATURVERZEICHNIS

Quellen

Apokalypse des Paulus. Neutestamentliche Apokryphen in deutscher Übersetzung, hrsg. v. Wilhelm Schneemelcher, 6. Auflage, Tübingen 1997 (Apostolisches, Apokalypsen und Verwandtes 2), S. 644-675.

Berufungsvision. Hildegard von Bingen (1098-1179), in: Erhebe dich, meine Seele. Mystische Texte des Mittelalters, hrsg. v. Johanna Lanczkowski, Stuttgart 1988 (Reclam 8456), S. 52-79.

Bibel. Neues Testament mit Psalmen Sprüchen, revidierte Fassung v. 1984, hrsg. v. der Evangelischen Kirche in Deutschland, Stuttgart 1999 (Text der Lutherbibel).

Buch Hesekiel (Ezechiel), Kap. 31, Abs. 14, Kap. 32, Abs. 18 u. 24, in: Altes Testament. Die Bücher der Propheten, URL: http://www.bibel-verse.de/kapitel/Buch%20Hesekiel%20%28Ezechiel%29/32.html [letzter Zugriff am: 21.10.2022].

Die Höllenfahrt der Istar. Ein altbabylonisches Epos. Nebst Proben assyrischer Lyrik. Text, Uebersetzung, Commentar und Glossar, hrsg. v. Eberhard Schrader, Giessen 1874.

Gilgamesch-Epos, fragmentarisch überliefert in Form von Tontafeln mit sumerischer Schrift aus dem altbabylonischen Raum, ca. 1900–1600 v. Chr., URL: https://heidicon.ub.uni-heidelberg.de/#/detail/1115892 [letzter Zugriff am: 15.02.2023].

Psalmen, Kap. 2, Abs. 6–7, in: Altes Testament. Die Bücher der Lehrweisheit und die Psalmen, URL: http://www.bibel-verse.de/kapitel/Psalmen/2.html [letzter Zugriff am: 02.02.2023].

Sankt Brandan. Zwei frühneuhochdeutsche Prosafassungen. Der erste Augsburger Druck von Anton Sorg (um 1476) und Die Brandan-Legende aus Gabriel Rollenhagens »Vier Büchern Indianischer Reisen«, hrsg. v. Rolf D. Fay, Stuttgart 1985 (Helfant Text T4).

Tondolus der Ritter. Die von J. und C. Hist gedruckte Fassung, hrsg. v. Nigel F. Palmer, München 1980 (Kleine Deutsche Prosadenkmäler des Mittelalters 13).

Monographien

Bachtin, Michail M.: Formen der Zeit im Roman. Untersuchungen zur historischen Poetik, hrsg. v. Edward Kowalski und Michael Wegner, aus dem Russischen von Michael Dewey, Frankfurt am Main 1989 (Fischer Wissenschaft).

Benz, Ernst: Die Vision. Erfahrungsformen und Bilderwelten, Stuttgart 1969.

Benz, Maximilian: Gesicht und Schrift. Die Erzählung von Jenseitsreisen in Antike und Mittelalter, Berlin 2013 (Quellen und Forschungen zur Literatur- und Kulturgeschichte 78).

Brittnacher, Hans-Richard: Ästhetik des Horrors. Gespenster, Vampire, Monster, Teufel und künstliche Menschen in der phantastischen Literatur, 1. Auflage, Frankfurt am Main 1994 (Suhrkamp-Taschenbuch 2397).

Brunhölzl, Franz: Geschichte der lateinischen Literatur des Mittelalters. Die Zwischenzeit vom Ausgang des karolingischen Zeitalters bis zur Mitte des 11. Jahrhunderts 2, München 1992.

Dinzelbacher, Peter: An der Schwelle zum Jenseits. Sterbevisionen im kulturellen Vergleich, Freiburg i. Br. 1989 (Herder Taschenbuch 1584).

Dinzelbacher, Peter: Vision und Magie. Religiöses Erleben im Mittelalter, Paderborn 2019.

Dinzelbacher, Peter: Vision und Visionsliteratur im Mittelalter, Stuttgart 1981 (Monographien zur Geschichte des Mittelalters 23).

Dinzelbacher, Peter: Vision und Visionsliteratur im Mittelalter, 2., überarbeitete und wesentlich erweiterte Auflage, Stuttgart 2017 (Monographien zur Geschichte des Mittelalters 64).

Freud, Sigmund: Studienausgabe X. Bildende Kunst und Literatur, 9. Auflage, Frankfurt am Main 1969 (Freud-Studienausgabe 10).

Jensen, Peter: Die Kosmologie der Babylonier. Studien und Materialien. Mit einem mythologischen Anhang und 3 Karten, Strassburg 1890.

Le Goff, Jacques: Phantasie und Realität des Mittelalters. Aus dem Französischen übersetzt von Rita Höner, Stuttgart 1990.

McGrath, Alister E.: A Brief History of Heaven, Malden 2003 (Blackwell Brief Histories of Religion).

Mertens, Volker: Gregorius eremita. Eine Lebensform des Adels bei Hartmann von Aue in ihrer Problematik und ihrer Wandlung in der Rezeption, Zürich 1978 (Münchener Texte und Untersuchungen zur deutschen Literatur des Mittelalters 67).

Palmer, Nigel F.: »Visio Tnugdali«. The German and Dutch Translations and their Circulation in the Later Middle Ages, München 1982 (Münchener Texte und Untersuchungen zur Deutschen Literatur des Mittelalters 76).

Reinhardt, Ludwig: Kennt die Bibel das Jenseits? Und woher stammt der Glaube an die Unsterblichkeit der Seele, an Hölle, Fegefeuer (Zwischenzustand) und Himmel? München 1900.

Schmid, Elisabeth/Strijbosch, Clara: Sankt Brandans Reise. Mittelniederländisch/Neuhochdeutsch, Münster 2009 (Bibliothek mittelniederländischer Literatur 4).

Sollbach, Gerhard E.: St. Brandans wundersame Seefahrt. Nach der Heidelberger Handschrift Cod. Pal. Germ. 60, 1. Auflage, Frankfurt am Main 1987.

Turner, Victor: Das Ritual. Struktur und Anti-Struktur. Aus dem Englischen und mit einem Nachwort von Sylvia M. Schomberg-Scherf, Neuauflage, Frankfurt am Main 2005 (Campus Bibliothek).

Weidner, Katja: Navigatio Sancti Brendani. Die Seereise des Heiligen Brendan, Freiburg i. Br. 2022 (Fontes Christiani. Zweisprachige Neuausgabe christlicher Quellentexte aus Altertum und Mittelalter 94).

Woschitz, Karl Matthäus: Fons vitae – Lebensquell. Sinn- und Symbolgeschichte des Wassers, Freiburg i. Br. 2003 (Forschungen zur europäischen Geistesgeschichte 3).

Dissertationen

Albert, Bettina: Der Tod in Worten. Todesdarstellungen in der Literatur des frühen Mittelalters, masch. phil. Diss., Marburg 2014 (Die Darstellung des Todes in der volkssprachigen Literatur des frühen Mittelalters 8.–10. Jh.).

Dinzelbacher, Peter: Die Jenseitsbrücke im Mittelalter, masch. phil. Diss., Wien 1973 (Dissertationen der Universität Wien 104).

Holtzhauer, Sebastian: Die Fahrt eines Heiligen durch Zeit und Raum. Untersuchungen ausgewählter Retextualisierungen des Brandan-Corpus von den Anfängen bis zum 15. Jahrhundert: mit einer Edition der Münchener Prosafassung der 'Reise des hl. Brandan', masch. phil. Diss., Göttingen 2019.

Kamphausen, Hans Joachim: Traum und Vision in der lateinischen Poesie der Karolingerzeit, masch. phil. Diss., Fankfurt am Main 1975 (Lateinische Sprache und Literatur des Mittelalters 4).

Pfeil, Brigitte: Die 'Vision des Tnugdalus' Albers von Windberg. Literatur- und Frömmigkeitsgeschichte im ausgehenden 12. Jahrhundert, masch. phil. Diss., Frankfurt am Main 1999 (Mikrokosmos 54).

Pietrzik, Dominik: Die Brandan-Legende. Ausgewählte Motive in der frühneuhochdeutschen sogenannten »Reise«-Version, masch. phil. Diss., Frankfurt am Main 1999 (Bremer Beiträge zur Literatur- und Ideengeschichte 26).

Röckelein, Hedwig: Otloh, Gottschalk, Tnugdal: Individuelle und kollektive Visionsmuster des Hochmittelalters, masch. phil. Diss., Frankfurt am Main 1987 (Europäische Hochschulschriften 319).

Spilling, Herrad: Die Visio Tnugdali. Eigenart und Stellung in der mittelalterlichen Visionsliteratur bis zum Ende des 12. Jahrhundert, masch. phil. Diss., München 1975 (Münchener Beiträge zur Mediävistik und Renaissance-Forschung 21).

Weitbrecht, Julia: Aus der Welt. Reise und Heiligung in Legenden und Jenseitsreisen der Spätantike und des Mittelalters, masch. phil. Diss., Heidelberg 2011 (Beiträge zur älteren Literaturgeschichte).

Aufsätze aus Sammelbänden

Birkhan, Helmut: Druiden und keltischer Seelenwanderungsglaube, in: Der Begriff der Seele in der Religionswissenschaft, hrsg. v. Johann Figl und Hans-Dieter Klein, Würzburg 2002 (Der Begriff der Seele 1), S. 143–158.

Böhme, Hartmut: Himmel und Hölle als Gefühlsräume, in: Emotionalität. Zur Geschichte der Gefühle, hrsg. v. Claudia Benthien, Anne Fleig und Ingrid Kasten, Köln 2000 (Literatur – Kultur – Geschlecht. Studien zur Literatur- und Kulturgeschichte 16), S. 60–81.

Dinzelbacher, Peter: Jenseitsvisionen – Jenseitsreisen, in: Epische Stoffe des Mittelalters, hrsg. v. Volker Mertens und Ulrich Müller, Stuttgart 1984 (Röners Taschenausgabe 483), S. 61–80.

Eichner, Heiner: Indogermanische Seelenbegriffe, in: Der Begriff der Seele in der Religionswissenschaft, hrsg. v. Johann Figl und Hans-Dieter Klein, Würzburg 2002 (Der Begriff der Seele 1), S. 131–141.

Foucault, Michel: Andere Räume, in: Stadt-Räume, hrsg. v. Martin Wentz, Frankfurt am Main 1991 (Die Zukunft des Städtischen. Frankfurter Beiträge 2), S. 65–72.

Frenken, Ralph: Leiden und Heilung. Zur Phantasiewelt der mittelalterlichen Mystik, in: Mystik und Natur. Zur Geschichte ihres Verhältnisses vom Altertum bis zur Gegenwart, hrsg. v. Peter Dinzelbacher, Berlin 2009 (Theophrastus Paracelsus Studien 1), S. 199–227.

Frenschkowski, Marco: Vision als Imagination. Beobachtungen zum differenzierten Wirklichkeitsanspruch frühchristlicher Visionsliteratur, in: Fremde Wirklichkeiten. Literarische Phantastik und antike Literatur, hrsg. v. Nicola Hömke und Manuel Baumbach, Heidelberg 2006 (Kalliope. Studien zur griechischen und lateinischen Poesie 6), S. 339–366.

Hallacker, Anja: Angels. An International Conference on Medieval Angelology (St. John's College, Oxford, 11.–13. April 2005), in: Bochumer Philosophisches Jahrbuch für Antike und Mittelalter 10, hrsg. v. Burkhard Mojsisch, Olaf Pluta und Rudolf Rehn, Amsterdam/Philadelphia 2005, S. 229–233.

Hammer, Andreas: St. Brandan und das *ander paradise*, in: Imagination und Deixis. Studien zur Wahrnehmung im Mittelalter, hrsg. v. Kathryn Starkey und Horst Wenzel, Stuttgart 2007, S. 153–176.

Iribarren, Isabel/Lenz, Martin: The Role of Angels in Medieval Philosophical Inquiry, in: Angels in Medieval Philosophical Inquiry. Their Function and Significance, hrsg. v. Isabel Iribarren und Martin Lenz, Burlington 2008 (Ashgate Studies in Medieval Philosophy), S. 1–11.

Jezler, Peter: Jenseitsmodelle und Jenseitsvorsorge – Eine Einführung, in: Himmel, Hölle, Fegefeuer. Das Jenseits im Mittelalter, hrsg. v. der Gesellschaft für das Schweizerische Landesmuseum, 2., durchgesehene Auflage, Zürich 1994 (Eine Veröffentlichung des Schweizerischen Landesmuseums), S. 13–26.

Kobusch, Theo: The Language of Angels: On the Subjectivity and Intersubjectivity of Pure Spirits, in: Angels in Medieval Philosophical Inquiry. Their Function and Significance, hrsg. v. Isabel Iribarren und Martin Lenz, Burlington 2008 (Ashgate Studies in Medieval Philosophy), S. 131–142.

Kytzler, Bernhard: Unwirkliche Wirklichkeiten. Geplant – Geträumt – Geflunkert. Über Utopie und Realität im frühen Europa, in: Fremde Wirklichkeiten. Literarische Phantastik und antike Literatur, hrsg. v. Nicola Hömke und Manuel Baumbach, Heidelberg 2006, S. 277–287.

Lefebvre, Henri: Die Produktion des Raums, in: Raumtheorie. Grundlagentexte aus Philosophie und Kulturwissenschaften, hrsg. v. Jörg Dünne und Stephan Günzel, 7. Auflage, Frankfurt am Main 2012 (Suhrkamp Taschenbuch Wissenschaft 1800), S. 330–342.

Münkler, Marina: Alterität und Interkulturalität, in: Germanistik als Kulturwissenschaft. Eine Einführung in neue Theoriekonzepte, hrsg. v. Claudia Benthien und Hans Rudolf Velten, Hamburg 2002 (Rowohlts Enzyklopädie), S. 323–344.

Oechslin, Christa: Der Himmel des Seligen, in: Himmel, Hölle, Fegefeuer. Das Jenseits im Mittelalter, hrsg. v. der Gesellschaft für das Schweizerische Landesmuseum, 2., durchgesehene Auflage, Zürich 1994 (Eine Veröffentlichung des Schweizerischen Landesmuseums), S. 41–46.

Parr, Rolf: Monströse Körper und Schwellenfiguren als Faszinations- und Narrationstypen ästhetischen Differenzgewinns, in: Monströse Ordnungen. Zur Typologie und Ästhetik des Anormalen, hrsg. v. Achim Geisenhanslüke und Georg Mein, Bielefeld 2009 (Literalität und Liminalität 12), S. 19–42.

Perler, Dominik: Thought Experiments: The Methodological Function of Angels in Late Medieval Epistemology, in: Angels in Medieval Philosophical Inquiry. Their Function and Significance, hrsg. v. Isabel Iribarren und Martin Lenz, Burlington 2008 (Ashgate Studies in Medieval Philosophy), S. 143–153.

Tuczay, Christa Agnes: Ekstase, Mystik, Drogen, in: Mystik und Natur. Zur Geschichte ihres Verhältnisses vom Altertum bis zur Gegenwart, hrsg. v. Peter Dinzelbacher, Berlin 2009 (Theophrastus Paracelsus Studien 1), S. 175–198.

Warning, Rainer: Einleitung: Heterotopie und Epiphanie, in: Heterotopien als Räume ästhetischer Erfahrung, hrsg. v. Rainer Warning, München 2009, S. 11–41.

Artikel aus Lexika oder Handbüchern

Arnold-de Simine, Silke: Artikel »Geister und Dämonen«, in: Phantastik. Ein interdisziplinäres Handbuch, hrsg. v. Hans Richard Brittnacher und Markus May, Stuttgart 2013, S. 376–384.

Bebermeyer, Gustav: Artikel »Teufelliteratur«, in: Reallexikon der deutschen Literaturgeschichte 4 (Sl–Z), hrsg. v. Klaus Kanzog und Achim Masser, 2. Auflage, Berlin 1984, S. 367–403.

Brittnacher, Hans Richard: Artikel »Satanismus«, in: Phantastik. Ein interdisziplinäres Handbuch, hrsg. v. Hans Richard Brittnacher und Markus May, Stuttgart 2013, S. 472–482.

Dangel, Judith: Artikel »Passagen, Schwellen, Übergänge«, in: Phantastik. Ein interdisziplinäres Handbuch, hrsg. v. Hans Richard Brittnacher und Markus May, Stuttgart 2013, S. 441–447.

Eming, Jutta: Artikel »Mittelalter«, in: Phantastik. Ein interdisziplinäres Handbuch, hrsg. v. Hans Richard Brittnacher und Markus May, Stuttgart 2013, S. 10–18.

Frenschkowski, Marco: Artikel »Okkultismus, Spiritismus, Seelenwanderung«, in: Phantastik. Ein interdisziplinäres Handbuch, hrsg. v. Hans Richard Brittnacher und Markus May, Stuttgart 2013, S. 435–441.

Kuon, Peter: Artikel »Utopie/Dystopie«, in: Phantastik. Ein interdisziplinäres Handbuch, hrsg. v. Hans Richard Brittnacher und Markus May, Stuttgart 2013, S. 328–335.

May, Markus: Artikel »Zeit- und Raumstrukturen (Chronotopen/Heterotopien)«, in: Phantastik. Ein interdisziplinäres Handbuch, hrsg. v. Hans Richard Brittnacher und Markus May, Stuttgart 2013, S. 583–593.

Overthun, Rasmus: Artikel »Monster/Ungeheuer«, in: Phantastik. Ein interdisziplinäres Handbuch, hrsg. v. Hans Richard Brittnacher und Markus May, Stuttgart 2013, S. 420–432.

Aufsätze in Zeitschriften

Lang, Bernhard: Die große Jenseitsfahrt, in: Paragrana 7 (1998) 2, S. 24–42.

Quenstedt, Falk: Mirabile Texturen. Erzählen und religiöse Erfahrung im *Brandan* und in Christian Krachts *Die Toten*, in: Akten des JGG-Kulturseminars 1 (2020), S. 159–181.

Sieburg, Heinz: Zwischen Leben und Tod. Jenseitsvorstellungen und Diesseitskonzepte als Poetik des Übergangs in der deutschen Literatur des Mittelalters, in: Zeitschrift für interkulturelle Germanistik 10 (2019) 2, S. 39–52.

Wulf, Christoph: Jenseits im Diesseits. Körper – Andersheit – Phantasie, in: Paragrana 7 (1998) 2, S. 11–23.